马 驰／著

李光弼

落寞的名将

产品合格证

检验员：001
厂　名：山西人民印刷有限责任公司
厂　址：山西省孝义市新义街 525 号
此产品若发现印装质量问题，请
将合格证及问题反馈给我公司，以便
查找原因，及时处理。
联系电话：0358–7641044

山西出版传媒集团
山西人民出版社

图书在版编目（CIP）数据

李光弼 / 马驰著. — 太原：山西人民出版社，
2024.6
ISBN 978-7-203-13316-2

Ⅰ.①李… Ⅱ.①马… Ⅲ.①李光弼（708-764）—
传记 Ⅳ.①K825.2

中国国家版本馆 CIP 数据核字(2024)第 065337 号

李光弼

著　　者：马　驰
责任编辑：崔人杰　张志杰
复　　审：贾　娟
终　　审：梁晋华
装帧设计：陈　婷

出　版　者：山西出版传媒集团·山西人民出版社
地　　址：太原市建设南路21号
邮　　编：030012
发行营销：0351-4922220　4955996　4956039　4922127（传真）
天猫官网：https://sxrmcbs.tmall.com　电话：0351-4922159
E－mail：sxskcb@163.com　发行部
　　　　　sxskcb@126.com　总编室
网　　址：www.sxskcb.com

经销者：山西出版传媒集团·山西人民出版社
承印厂：山西出版传媒集团·山西人民印刷有限责任公司

开　　本：890mm×1240mm　1/32
印　　张：9.75
字　　数：210千字
版　　次：2024年6月　第1版
印　　次：2024年6月　第1次印刷
书　　号：ISBN 978-7-203-13316-2
定　　价：76.00元

如有印装质量问题请与本社联系调换

序

唐朝在历史上是最为有名的王朝，特别是其前半期的内政外交都有辉煌的成就，为当时及后世所称道。唐朝强盛的原因当然很多，这是历史学家不时钻研探讨的课题。当时能够人尽其才应该是其中的一个因素。

唐朝承隋之后。隋时统一南北，结束了长期分裂的局面。统一的王朝建立起来了，分裂时期的旧观念却不易完全清除，南北朝时，南北两方互相轻视，甚至于丑诋，南以北为索虏，北则以南为岛夷。其后魏分东西，周齐继之对峙，以前南北之间的嫌隙，转而复存在于东西之间。隋炀帝时，有人提出朝中犹多山东人，于是一些籍隶山东的人士就不免为之受殃。就是到了唐初，李渊的儿子建成、元吉与世民构隙，还曾以秦王左右多是山东人为借口，这种风气不仅见于王室、政府，就是社会上也浸有余波。长安城有敦化坊，贞观、永徽间，颜师古、欧阳询、沈越宾寓居其地，颜为南朝旧族，欧阳与沈为江左士人，当时人就称敦化坊为吴儿坊。可见积习相传的久远。

当建成、元吉攻击秦王时，秦王左右确实是有山东人，建成、元吉虽以此攻击秦王，其左右也不是就没有山东人，魏徵就是其中的一位。可见当时虽还有这样旧观念的存留，人才仍然是能够得其所用的。不仅山东人如此，就是蕃族也是一样的。秦王左右人才是很多的。通常称于人口的为秦琼和敬德，秦琼自是山东人，尉迟敬德籍隶朔州，论其家世则是出自于阗，在当时说来，自应归入蕃族之中。

唐初上距元魏统治中原，为时并非很远。西魏北周相继覆灭，鲜卑族人仍有许多居于高位，这是不足为奇的。说者谓李唐王室出于鲜卑，此说当否，姑置勿论，唐太宗的长孙皇后固是鲜卑世家，则是确无疑义。当时不同族人之间尚无相互的歧视，似较山东人还胜一筹。建成、元吉攻击秦王时，仅谓其左右系山东人，却没有提到秦王左右还有蕃人，其中形象可见一斑。

正因为如此，唐时朝廷内外，蕃人是相当多的，蕃人娴习弓马，故多任将职。唐朝前期，开拓疆土，威震邻国，蕃将的功绩应居于不可磨灭的地位，举其著者，契苾何力、黑齿常之、李多祚、白孝德，皆见于史家的记载。在王朝中居高位的更为繁多，不易备举。正是这样唐蕃一体，无间中外，各尽其才，唐朝前期的文治武功才能为当时后世所称道。

开元、天宝之际为唐朝的盛世。其时姚崇、宋璟主政于内，高仙芝、哥舒翰领军于外。姚崇、宋璟的治绩，媲美于贞观年间的房玄龄、杜如晦，高仙芝的登坦驹岭，次勃律国，遏制吐蕃的气焰，允为历来战史上的奇绩。而"哥舒夜带刀"，不仅见于诗人的歌咏，而且也确为敌人所胆折，当时称为盛世，并非偶然。

人才良莠不齐，才德难于并著，甚至还有以某种因缘，猎取高位，就在开天之际的盛世中，已经显露出衰相。当时有姚崇、宋璟，却也有李林甫、杨国忠，有高仙芝、哥舒翰，却也有安禄山、史思明。终于酿成天宝末年的乱离，并使唐朝的前期和后期有了显著的差异。

安史之乱削弱了唐朝的国力，却并没有改变当时唐蕃关系的成规。安禄山和史思明是以蕃将作乱，平定这起乱事却还是得力于蕃将。在平定乱事过程中立功最大的自然数到郭子仪和李光弼。论实际的战绩，李光弼往往独当一面，所获更多。当时参与平乱的蕃将还有多人，仆固怀恩、哥舒曜、浑释之、荔非元礼、李国臣、白孝德、白元光皆在李光弼部下，与李光弼共奏肤功，可见当时唐蕃的关系，并未为安史之乱所破坏，倒是安史之乱促成其间的关系更为密切。

旧新两《唐书》皆为李光弼立传，在平定安史之乱中，九节度与安庆绪战于相州，这是平乱战事中的一次大战。《旧唐书·郭子仪传》记战前置帅事，谓"子仪、光弼俱是元勋，难相统属，故不立元帅"。《新唐书·郭子仪传》记此事，仅以元功易元勋，其实是一样的。可见当时朝中平议，李光弼与郭子仪的勋绩是相当的，可是后来的际遇却并非相同，郭子仪位极人臣，子孙瓜瓞绵延，贻福后代；李光弼驻节徐州，仿佛与王朝还稍有些嫌隙，后世显者亦非甚多。两人际遇既有差异，史书记载复未能详尽，这就不免使后来知人论世者谓其间尚有轩轾。

马驰同志为此特撰《李光弼》，可以作为补苴。马驰同志早年治理唐代史事，就特别偏重于当时的蕃将。其所著《唐代蕃将》，已有声于侪辈间。李光弼于唐代蕃将中，最为突出，两《唐书》后，迄今尚未闻有人再为之董理，使所谓轩轾之处未能早日稍加敉平，也是一种缺陷。马驰同志以其多年研究心得，补此缺陷，亦使旧史不稍详尽处得以充实，李光弼当年荡平叛乱的功绩，不致多所湮失，是可以称道的。

李光弼的先世本为契丹的酋长，其父楷洛，武后时即已南迁入朝，下迄安史倡乱，已多历年所。唐人于谱牒之学多所重视，其间名家亦复不少。可是对于李楷洛的身世就间有歧误之处。楷洛虽非中原世家，于契丹诸部中仍系名族。姑不论楷洛当时的名声，即以李光弼来说，转战疆场，建立奇功，奈何家世尚有歧误，似非重世族、尊门第之时的细事。马驰同志既为李光弼重撰新传，这些自应在考核之中。所撰传中，澄清了有关李光弼父族、母族及其本人诸多历史迷雾，纠正了两《唐书》、《资治通鉴》诸书籍中的某些错误，也是值得称道的。

不仅此也，《李光弼》对于认识唐时的民族融合，蕃将在国家武力中的重要作用，"唐人共同体"的形成和中华民族的凝聚力等，具有一定的启发意义。应该说，马驰同志此书并非等闲的作品。这里谨缀其点滴，撰此序文。

史念海

1996年4月

前　言

近年来，海内外兴起一股强劲的郭子仪热。不仅欧美东南亚有郭氏宗亲联谊会，秦晋等省亦纷纷建立起郭子仪研究会之类的民间团体。一些学者更不甘落后，有关郭子仪事迹的专著也接踵出版。

"尊祖重亲"为我国传统文化的一个重要方面，亦是我中华民族自信心、自豪感的具体表现，更是我炎黄子孙有着强大的民族内聚力的最好说明。所以，对郭子仪热现象，我们无可非议。

然而，与郭子仪齐名，"世称李郭"的李光弼，非但被唐人冷落，就是今天，亦很少有人哪怕是对他"一瞥"。

这很不公平。

李、郭齐名于平安史之乱，但若以军事成就论，二人实在不应放置于同一个层次。郭子仪带兵松松垮垮，"一败于清渠，再溃于相州"，连其心爱的部将都难以为他开脱屡战屡败的责任。李光弼则不然，他"治师训整"，号令严明，当他取代郭子仪为帅后，"营垒、士卒、麾帜无所更，而光弼一号令之，气色乃益精明云"（《新唐书·李光弼传》）。故其战功"推为中兴第一"，所以明代的思想家王船山评价说，"以战功论，李光弼奋其智勇，克敌制胜之功视郭为多"（《读通鉴论》卷23）。

笔者自小爱抱打不平，时值今天犹牛脾气不改。所以在读史到"李光弼危疑愤郁，以陨其生"（《通鉴》卷263）时，遂掩卷叹息，数载不能释怀。当读到"与李光弼齐名"，但"威略不逮"的郭子仪，"家人三千"，"良田美器……不可胜纪"，"八子七婿，皆贵显朝廷"，"侈穷人欲"，"富贵寿考，繁衍安泰，哀荣终始"（两《唐书·郭子仪传》）时，又忿然不平曰："朝廷何厚此而薄彼！"当看到今人对郭子仪亡灵顶礼膜拜，对其生平事迹撰述无穷时，遂亦跃跃欲试，决心撰写一本关于李光弼的书。

在这里，我想声明一点：对李、郭战功的比较评价，是就史实而言，本人无意于"抑郭扬李"，请郭氏宗人莫要误会。其实，子仪公是个同谁都能共处的可爱的好好先生，他不敢得罪皇上，亦不屑结怨权宦，更不愿严治麾下的骄兵悍将，连对儿媳妇都迁就退让。所以上下左右，东西南北中关于他的口碑极好。而李光弼却处处事事讨人嫌。他治下之严，几近于冷酷，"每校旗之日，军士小不如令，必斩之以徇"，至有"心破胆裂者"（《旧唐书·郝廷玉传》）；他既不愿讨好宦官，亦敢于同天子持不同意见；他对妻子儿女更是寡恩少情，因忙于公事，他可以数过家门而不入，临终时竟将爵封拱手奉还天子，理由是，"若使无功之子嗣守素封，臣赴下泉亦不瞑目"（《册府元龟》卷409），致使薨后幼子"少无所倚"，靠他人提携仕进（《全唐文》卷738）。如此"薄情寡恩"之人，难怪有那么多人不太喜欢他，乃至在他身染绝症行将正寝时，皇上犹怨他"迁延不至"，史臣讥他有"不释位之诛"（两《唐书·李光弼传》）。

笔者因治隋唐民族史，加上天生的倔脾性，遂爱屋及乌，对李光弼情有独钟；早在十五年前就曾酝酿写一部洋洋数十万言的《李光弼事迹考》。但志大才疏且惰性十足的本人，竟至多年过去，依然忙于身边琐事，不曾在"纸上谈兵"上下过功夫。恩师上官鸿南先生看在眼里，急在心上，屡屡促我动笔藏事。由是懒人忽发奇想，曷不请文字功夫极佳的上官师之助共操其劳。可是，上官师自有公事缠身，更无余力指导。直拖至今年春节，上官师又一次动问，才觉得不容再迁延下去。此外，严师史念海先生以85岁高龄，犹笔耕不止，于不言中对弟子们鞭策，在无声中给笔者以激励。还有恩师牛致功先生，亦多次关注此书稿的完成。所有这些构成了笔者撰此小书的基本动力。于此，向恩师们表示最诚挚的谢意。

由于多次搬家，十年前积累的关于李光弼的资料，或被家人一火焚之，或被当作破烂随意处理，及至动手，才感到这是在做无米之炊。无奈只好随手拈来两《唐书》、《通鉴》中的材料，勉强联缀成篇，其分量之不足，学术性之不强，自当不言而喻。

　　这本小书共十七章，分别就李光弼的族出家世、生平事迹、所处历史环境作了某些考证和评述。虽无太多发明，但并不拾人牙慧；如果从填补研究空白和抛砖引玉上考虑，它也许还有点价值。因此，笔者不揣冒昧，将此小书敬献给读者。

马驰

1996年4月3日

于陕西师大34号楼八方书斋

目录

第一章
两个楷洛

治唐史者几乎无不熟知唐代中兴名将李光弼的生父李楷洛,然而光弼父辈时代有两个李楷洛,并同出自契丹,且都冠以"契丹酋长"称号。由是古今史家多有人将两者合二为一。究竟谁是李光弼之父,这似乎是桩扑朔迷离的公案。

将两个李楷洛(或落、雒)混为一谈的始自《资治通鉴》。《通鉴》谓光弼"契丹王楷洛之子也"。胡三省更注云:"开元初,李楷洛封为契丹王。"①今人论著亦有谓光弼父楷洛曾封王并授松漠都督。②

可是,查两《唐书·李光弼传》,并无光弼父封王授松漠都督府都督的记载。《旧唐书》称:

李光弼,营州柳城人。其先,契丹之酋长。父楷洛,

①《资治通鉴》卷215玄宗天宝六载(747)十月并胡注。
②张正明:《契丹史略》(中华书局1979年8月第1版)。

开元初，左羽林将军同正、朔方节度副使，封蓟国公，以骁果闻。

《新唐书》则说：

> 李光弼，营州柳城人。父楷洛，本契丹酋长，武后时入朝，累官左羽林大将军，封蓟郡公。吐蕃寇河源，楷洛率精兵击走之。初行，谓人曰："贼平，吾不归矣。"师还，卒于道，赠营州都督，谥曰忠烈。

两《唐书》所记，虽小有差异，但在李楷洛未曾封王授松漠都督上却完全一致。而《新书》记载较详，显然据杨炎所撰李楷洛二碑。其《云麾将军李府君神道碑》追述楷洛自契丹归降朝廷后，被武则天重委，"特拜玉钤卫将军"，"又拜左奉宸内供奉"。并在武则天晚年和玄宗开元间（713—741），累次遣出征讨，北击后突厥、靺鞨、"两蕃"（契丹、奚）等，西御吐蕃。"前后录功凡二十四命，食邑二千七百户，封蓟郡开国公，又加云麾将军"。终年67岁，"追赠营州都督"①。

其《唐赠范阳大都督忠烈公李公神道碑铭》，在楷洛事迹的时间概念上讲得尤为清楚：其一，曾参预松漠都督李尽忠于万岁通天中（696）发动的反叛中央的活动，直到久视中

---

① 《全唐文》卷422。

（700），即叛乱被基本上平定后，李楷洛犹"骁骑岁入于辽，西临太原，南震燕、赵"。武则天"有命招谕"，楷洛遂于是岁"以控弦之士七百骑垂橐入塞，解甲来朝"，授玉钤卫将军。其二，归降朝廷后，颇为武则天之后诸帝所信任：中宗时（705—710），"开朔方之地四百里"；睿宗时（710—712），"食佐命之邑三千户"；玄宗开元时（713—741），"则主禁卫"。其三，天宝元年（742）五月二十日，"自河源薨于怀远县之师次，春秋六十七，赠营府都督"。第二年，以诏令葬于富平县檀山原（在今富平县境）。其四，乾元中（758—759），因两子李光弼、李光进贵显，肃宗遂对楷洛"谥曰忠烈，赠司空、范阳大都督"[①]。

综上可知，李楷洛自久视元年（700）以契丹部落酋帅身份归降朝廷，至天宝元年（742）卒于怀远县（今宁夏银川），在长达43年中，他或在京城宫禁北军中供职，或遣出征讨，没有任何迹象表明他曾被遣归本蕃，更不曾受封契丹王和授松漠府都督。这就是说，楷洛降后至终年，始终为典型的入朝蕃将。

所谓入朝蕃将，是指那些在朝廷或内地任职的蕃人将领。唐代的蕃将中除了入朝蕃将还有大批的在蕃蕃将。在蕃蕃将是指那些不脱离本蕃并在羁縻府州或其他蕃地任职的蕃人将

---

① 《全唐文》卷422。

领。^①如契丹王李尽忠，在反叛前袭羁縻府松漠府（治今内蒙古巴林右旗南）都督，像李尽忠内兄契丹部酋孙万荣，于造反前世袭羁縻州归诚州刺史^②，就属于在蕃蕃将。

司马光等之所以误李光弼生父李楷洛曾受封契丹王和授松漠府都督，原因就在于他们混淆了"入朝"和"在蕃"两种不同蕃将的概念，错把入朝蕃将李楷洛当成在蕃蕃将李楷洛。

饶有趣味的是，李楷洛入朝后，在契丹又冒出了个姓名亦为"李楷洛"的酋长。据《册府元龟》卷975《外臣部·褒异二》载：开元十年（722）七月，契丹大首领楷落来朝，"授郎将放还"。《新唐书》卷219《契丹传》称：天宝四载（745），松漠都督李怀秀"杀公主叛去"，玄宗"更封其酋楷落为恭仁王，代松漠都督"。而《册府元龟》卷965《外臣部·封册三》则谓：天宝五载（746）四月，"契丹王楷雒为恭仁王，仍授松漠府都督。"《通鉴》卷215天宝五载四月癸未条下云："契丹酋楷洛为恭仁王。"按楷落、楷雒或楷洛均为契丹人名音译异写，故开元年授郎将后又遣回本蕃的楷落，即天宝五载的被册封为恭仁王、松漠府都督的楷洛（或雒），当无疑问。又，契丹王族，本姓大贺氏。贞观中，太宗因其

---

① 关于唐代蕃将的含义和类别，拙著《唐代蕃将》（三秦出版社1990年出版）曾有专章论说，这里不赘。

② 据《旧唐书·契丹传》等：以契丹别部置归诚州，该部活动于营州（今辽宁朝阳市）附近。

君长窟哥举部内属，遂以其部置松漠都督府，授窟哥松漠府都督，赐姓李氏。自是，至少在唐朝前期，契丹王、松漠府都督，均以李姓为氏。并由之可以断定，玄宗时代的契丹君王、松漠府都督楷洛（或落、雏），出自契丹李氏（即大贺氏）王族传人，亦当无疑。然而这个李楷洛，只具大唐在蕃蕃将的身份，与光弼父、入朝蕃将李楷洛，除姓名雷同，两者在其他方面，则毫不相干。

值得注意的是，尽管《通鉴》将在蕃蕃将契丹王兼松漠都督李楷落（或雏）误为光弼生父而译写名字为楷洛，但无论两《唐书·李光弼传》抑或两《李楷洛碑》，均不曾把光弼父、入朝蕃将李楷洛的名字译写为"楷落"或"楷雏"。这一方面说明李楷洛因入朝已久，汉写名字早已固定化、规范化，同时也表明两《唐书》的作者和碑铭撰者，大概已意识到不能把光弼父李楷洛与在蕃蕃将李楷落（或雏）混为一谈。

关于李楷洛的生平事迹，可从下表以窥大概。

李楷洛事迹纪年表

仪凤元年(676)—天册万岁元年(695):

1—20岁,营州柳城(今辽宁朝阳)契丹人。祖令节,左威卫大将军,幽州经略军副使;父重英,鸿胪卿兼檀州刺史。(父祖官封当为光弼贵显后追赠。)《云麾将军李府君神道碑》云:载初中(689)因"两蕃不庭",楷洛以诏命"寻盟旧国"。果如是,楷洛少年时代曾一度入质朝廷。天册万岁中,娶契丹酋帅李楷固女为妻。

《新唐书·宰相世系表五》,《全唐文》卷342、卷422

万岁通天元年(696)—久视元年(700):

21—25岁,追随松漠府都督李尽忠、归诚州刺史孙万荣反叛朝廷;陷营州,杀都督,进围檀州(治今北京密云区),克幽州(治今北京市),屠赵州(治今河北赵县)。尽忠等死,楷洛犹率契丹余部"岁入于辽,西临太原,南震燕赵"。天子密命"奇士"招降,遂于久视元年冬,率部七百骑入塞,接受朝廷招安。武则天因楷洛自称李陵之后,"复赐李氏,授玉钤卫将军,左奉宸内供奉"。

《通鉴》卷206,《全唐文》卷422

长安元年(701)—四年(704):

26—29岁,从武楷固等征讨靺鞨、突厥等,即所谓"殚靺鞨于鸭绿之野,覆林胡于榆关之外,北出障塞,怀其王庭"。

两《唐书·渤海靺鞨传》,《全唐文》卷422

神龙元年(705)—景云二年(711):

30—36岁,于中宗时(705—709),屡同突厥战,"开朔方之地四百里";于睿宗时(710—712),"食佐命之邑三千户"。四子遵直、遵宜、遵行、光弼等先后出生。

《全唐文》卷422

延和元年(712):

37岁,楷洛时任左骁卫将军,率四千骑从幽州大都督孙佺袭击"两蕃"。冷陉(在今内蒙古巴林右旗西北)之战,因主帅怯懦无谋,"全军覆没",仅李楷洛与另一蕃将乌可利"脱归"。

《册府元龟》卷444、446,《通鉴》卷210,两《唐书·奚传》

开元元年(713)—二十九年(741):

38—66岁,玄宗开元初年,任左羽林将军同正、朔方节度副使,封蓟郡开国公。十三年(725)扈从玄宗东封泰山;碑云"东封之岁,外将天军",即为其事。二十九年,吐蕃悉众四十万入寇河源军(在今青海西宁市),楷洛"以精骑一旅济河之南","惊寇四溃,重围自解"。

《旧唐书·李光弼传》,《新唐书·吐蕃传上》,《全唐文》卷422

天宝元年(642):

67岁,自河源班师献捷途中,于天宝元年五月二十日薨于怀远县(今银川)。追赠营州都督,赙物三百匹、米粟三百石。次年,以诏命葬于富平县檀山原。乾元中(758—759),肃宗命太常"追考功绩,谥曰'忠烈'",并追赠司空、范阳大都督。

《全唐文》卷422,两《唐书·李光弼传》

第二章

亦李亦武

无独有偶，当《通鉴》等将两个李楷洛合二而一时，《新唐书》等却将李楷洛的夫人即李光弼的生母一分为二；对光弼的生母为李氏抑或武氏，争论不休，莫衷一是，至今犹为千古悬案。

关于光弼生母的姓氏，就史籍所见，不外有三种认识：

其一，李氏说。

《旧唐书·李光弼传》云：

> 母李氏，有须数十茎，长五六寸，以子贵，封韩国太夫人，二子（按，谓光弼、光进兄弟）皆节制一品。光弼十年间三入朝，与弟光进在京师，虽与光弼异母，性亦孝悌，双旌在门，鼎味就养，甲第并开，往来追欢，极一时之荣。

且不论上段文字中的光进是否为光弼的异母弟，李氏为光弼的生母却是明确无误的。

其二，继母李氏，生母不详说。

《新唐书·李光弼传》一方面谓光弼"母李"，"封韩国太夫人"，"死葬长安南原，将相奠祭凡四十四幄，时以为荣"。可是另一方面在《赞》中又称美光弼"位王公事继母至孝"。这就是说，所谓"母李"不过是继母。那么，生母何氏？则语焉不详。又，《通鉴》代宗广德二年（764）二月戊寅条谓：代宗播迁陕州（治今河南陕县）以避吐蕃，亟盼诸侯勤王，而李光弼竟迁延不至，"上恐遂成嫌隙，其母在河中，数遣中使存问之"。随后又"迎其母至长安，厚加供给，使其弟光进掌禁兵，遇之加厚"。在这里，未讲光弼生母出自何氏，只浑言"其母"云，应亦归入母氏不详说。

其三，生母武氏说。

颜真卿撰《李光弼碑》称：

> 初，天后［天册］万岁中，大将军燕国公武楷固为国大将，威震北陲。有女曰今韩国太夫人，才淑冠族。尝鉴之曰："尔后必生公侯之子。"因择蓟公（按，谓李楷洛）配焉。后果生公。①

据此，清人王昶认为：

①《全唐文》卷342。

　　是光弼之母武氏也，传则云母李……，是以其母李
　氏矣。疑子为李氏，不应母与同姓，史误显然。①

　　以上三说，孰是孰非暂且不论，让我们先搞清大将军燕
国公武楷固为何许人物：

　　久视元年，秋，七月，（李楷固）献俘于含枢殿。太
　后以楷固为左玉钤卫大将军、燕国公，赐姓武氏。②

原来武楷固本姓李，因战功受宠于武则天，被赐以武周政权
的国姓。至于李楷固的来历，《旧唐书·狄仁杰传》披露说：

　　楷固……契丹李尽忠之别帅也。初，尽忠之作乱，
　楷固等屡率兵以陷官军，后兵败来降，有司断以极法。
　仁杰议以为楷固等并有骁将之才，若恕其死，必能感恩
　效节。又奏请授其官爵，委以专征。制并从之。及楷固
　等凯旋，则天召仁杰预宴，因举觞亲劝，归赏于仁杰。
　授楷固左玉钤卫大将军，赐爵燕国公。

①《金石萃编》卷92《李光弼碑跋》。
②《资治通鉴》卷207则天后久视元年（700）七月。

是楷固与楷洛同出契丹，他们在本蕃的身份同为酋帅，又都
参预万岁通天中（696）的契丹松漠府都督李尽忠、归诚州刺
史孙万荣的反叛活动，只是兵败后楷固至迟在久视元年
（700）初就投降朝廷，而楷洛则直至是年冬才接受天子的招
安。有迹象表明，楷洛的归降可能同楷固有关。杨炎两《李
楷洛碑》称：久视中，李楷洛"以骁骑岁入于辽，西临太原，
南震燕赵，云火照于河上，天兵宿于北门，朝廷忧之"。因而
天子"密命奇士，要之信誓"。楷洛"由是奋跃辽海，翻飞上
京"。联想到是岁李楷固等"将兵击契丹余党，悉平之"①，
领受女皇"密命"招降楷洛的"奇士"当为楷固。如是，楷
洛与楷固有大体相同的经历，又在关键时刻楷洛系命运于楷
固，二人的关系非寻常可比。又，如前述早在天册万岁中
（695），两人就已结翁婿关系，由之先降于朝廷的李楷固受命
招安女婿李楷洛，则更是顺理成章。

综上可知，光弼的生母本应为李氏，因外祖楷固被则天
赐姓武氏，故外祖的女儿自然要从乃父新受姓氏。后来李唐
复辟，楷固出于攀龙附凤的政治需要，又理所当然地要复姓
李氏。所以《旧唐书·李光弼传》谓光弼生母李氏，而《李
光弼碑》称光弼生母为武氏，应当说，都不错，只是二者未
将李楷固姓氏变迁和还原交待清楚罢了。至于欧阳文忠公的

---

①《资治通鉴》卷206则天后久视元年（700）六月；并见《新唐书·契
丹传》。

"继母"云，王昶的"史误显然"云，只能表明他们为历史的表面现象所迷惑，不清楚李氏即武氏，以致将同一人误为二人，这才是"史误显然"。

关于李（武）楷固的事迹，史籍记载甚少，偶有涉及，也主要集中在归降前后几年。

首先，他曾是契丹叛酋李尽忠麾下的一员骁将。史称：

> 初，契丹将李楷固，善用缳索及骑射、舞槊，每陷陈，如鹘入乌群，所向披靡。黄麞之战，张玄遇、麻仁节皆为所缳。①

所谓"黄麞之战"，是指万岁通天元年（696）八月丁酉（二十八日）在黄麞谷（今河北卢龙东南）对官军的一次毁灭性伏击。是役，楷固生擒右金吾大将军张玄遇、司农少卿麻仁节，"将卒死者填山谷，鲜有脱者"。后继官军，亦被"契丹伏兵于中道邀之，全军皆没"②。时人极言是役官军丧师惨烈，有谓"前后百万众""罔有孑遗"③。为补充兵员，武则天不得不"免天下罪人及募诸色奴充兵讨击"，又"大发河东道及六胡州绥、延、丹、隰等州稽胡精兵，悉赴营州"④。可

---

① 《资治通鉴》卷 206 则天后久视元年（700）六月。
② 《资治通鉴》卷 205 则天后万岁通天元年（696）八月。
③ 《朝野金载》卷 1。
④ 《陈子昂集》卷 8《杂著·上军国机要事》。

见李楷固等曾给朝廷造成怎样的重伤！所以后来投降，朝廷对这个"数挫王师"的人，"有司请论如法"[1]；若不是宰相说情，楷固难免血光之灾。

其次，楷固在"贷罪"立功、"悉平"契丹余党后，又被女皇遣出征讨靺鞨大祚荣等：

> 渤海靺鞨大祚荣者，本高丽别种也[2]。高丽既灭，祚荣率家属徙居营州。万岁通天年，契丹李尽忠反叛，祚荣与靺鞨乞四比羽各领亡命东奔，保阻以自固。尽忠既死，则天命右（左）玉钤卫大将军李楷固率兵讨其余党，先破斩乞四比羽，又度天门岭以迫祚荣。祚荣合高丽、靺鞨之众以拒楷固，王师大败，楷固脱身而还。[3]

楷固既以玉钤卫大将军身份征讨大祚荣，此役当不会早于久视元年（700）七月，即楷固授任此职之前。这次丧师，朝廷当然要追究主帅责任。此后正史中罕有楷固名字出现，表明他已失宠于天子，从得意的巅峰跌落下来。

---

①《新唐书》卷115《狄仁杰传》。

②《新唐书·渤海靺鞨传》谓大祚荣父姓名为舍利乞乞仲象，是乞乞仲象应出自突厥舍利部落，为颉利可汗右部之一。颉利亡国后，太宗以该部落置舍利州。直至中唐，犹有突厥人姓舍利者，如舍利葛旃（即李奉国）等。由之可知，渤海王室大氏，源自突厥舍利氏，既非靺鞨，更不是"高丽别种"。

③《旧唐书》卷199下《渤海靺鞨传》。

然而，在唐人笔记中有记述楷固者。成书于开元中的《朝野佥载》透露出李楷固的晚年境况：

> 天后时将军李楷固，契丹人也，善用缳索。李尽忠之败也，麻仁节、张玄遇等并被缳。将麏鹿狐兔走马遮截，放索缳之，百无一漏。鞍马上弄弓矢矛稍如飞仙。天后惜其材不杀，用以为将。稍贪财好色，出为潭州乔口镇守将，愤恚而卒。

此文作者张鷟卒于开元中，故李楷固的终年最迟不会迟于张鷟的卒年。有意思的是，楷固虽因晚节不修，末路欠佳，但在其"盖棺"之后，同僚对他仍有公允评价：

> 呜呼武公，命代出群，气盖朔方，勇冠六军。生长下国，声闻于天；天子壮之，命居北门。北门伊何？国之重寄；羽林孤儿，旄头突骑，罔不毕劝，为之元帅。帝在紫微，与君为卫；身恒披坚，手不舍锐，出乘天驷，入并东第。同官为寮，出入五世。顾我军旅，凛然遗风。一日之长，万夫之雄。身虽有极，德不可穷。①

上引为王维《为羽林军祭武大将军文》。"气盖朔方""勇冠六

---

①《全唐文》卷327王维《为羽林军祭武大将军文》。

军""生长下国""声闻于天"云云，与楷固的经历极为相似，武大将军应为武（李）楷固无疑。所可注意者，即使在中宗复位后，楷固的姓氏依然是"武""李"通用，这从同时代的张、王二人文章中可知。又，楷固在讨击大祚荣失利后，虽然一度失宠，但至少在开元初年，又官至羽林大将军，且在再次遭贬"悲愤而卒"后，又被天子追复原职。

楷固的父祖事迹不详，但其孙景略名气颇大：

> 李景略，幽州良乡人也。大父楷固。父承悦，檀州刺史、密云军使。景略以门荫补幽州功曹。大历末，寓居河中，阖门读书。李怀光为朔方节度，招在幕府。……及怀光屯军咸阳，反状始萌。景略时说怀光请复官阙，迎大驾，怀光不从。……因退归私家。寻为灵武节度杜希全辟在幕府，转殿中侍御史，兼丰州刺史、西受降城使。①

丰州（治今内蒙古五原县西南）当通回纥道，过去的刺史大都懦弱，所以"虏使至，则敌礼抗坐"。景略"以气制之"，于是回纥使节骄容盛气尽失，并"以父行呼景略"②。丰州又是"穷塞苦寒"之地，"景略至，节用约己，与士同甘蓼，凿

①《旧唐书》卷152《李景略传》。
②《册府元龟》卷393《将帅部·威名二》。

咸应、永清二渠，溉田数百顷，储禀器械毕具，威令肃然，声雄北疆"[1]。贞元二十年（804），景略以年仅55岁卒于镇，"天下皆惜其理未尽景略之能"[2]。

---

[1]《新唐书》卷170《李景略传》。
[2]《旧唐书》卷152《李景略传》。

第三章

族出"去闾"

久视元年（700）冬，李楷洛为了鼓动部众同他一起归顺朝廷，遂对帐下骑士宣称："吾乃祖本汉将，辱于单于之庭，而今千年大耻。壮士当建功大国，上驾真龙，曷有遇风雨而泥蟠、无卷舒以蜿变！"于是"以控弦之士七百骑"，"奋跃辽海，翻飞上京"①。

既然楷洛自报家门其祖上"本汉将"，那么，这个汉将为谁？《云麾将军碑》回答说：

> 府君讳楷洛，先族汉校尉之裔也。世居其北，遂食坚昆之地，实主崆峒之人。大为王公，小为侯伯。……厥后东迁，复为鲜卑之右。

---

① 《全唐文》卷422杨炎《云麾将军李府君神道碑》《唐赠范阳大都督忠烈公李公神道碑铭》。为行文方便，后文称前碑为《云麾将军碑》，后碑为《范阳大都督碑》，合称两《李楷洛碑》。

这就是说，李楷洛为西汉武帝时降于匈奴的大将李陵之后，亦即陇西成纪人。按，李唐自称根在陇西，故汉族士人为攀附皇室，"言李悉出陇西……悠悠世胙，讫无考按"①。受此风气感染，内附的北方诸族蕃人，也多有人浪托汉陇西李广的孙子李陵之后。所以楷洛自谓李陵为其远祖，并不足信。不过这种与唐人共同体的主体民族——汉人认同的心理，因有助于大唐民族内聚力的增强，有益于中华诸民族共同体的最后形成，治史者不应有较多的非议。

楷洛的远祖李陵之说虽然不可考，但从其封号和本人以及父祖的追赠官称，依稀可辨其契丹族部落所出和姓氏所由。《云麾将军碑》云：

> ［楷洛］自天后之末至于圣皇（玄宗）之朝，前后录功凡二十四命，食邑二千七百户，封蓟郡开国公，又加云麾将军。

《范阳大都督碑》说：

> 天宝元年……赠营［州］府都督。……乾元中，天子……乃命太常追考功绩，谥曰"忠烈"，赠司空、范阳

①《新唐书》卷95《高俭传赞》。

大都督。

关于其父祖官职，史籍记载：

> 柳城李氏，世为契丹酋长，后徙京兆万年。［楷洛祖］令节，左威卫大将军、幽州经略军副使。［父］重英，鸿胪卿兼檀州刺史。①

在三代人的官封号中，分别被冠以"营府""蓟郡""范阳""幽州""檀州"等地名。这绝非偶然现象，当有深刻的寓意。《旧唐书》卷39《地理志二》载：

> 玄州，隋开皇初置，处契丹李去闾部落。

上引表明，早在隋初，契丹就有李姓部落，其酋长去闾率部内属后，文帝即于其部落设置玄州。那么，入唐以后，该部去向又如何呢？《通鉴》则为我们透出了一点信息：

> 契丹辱纥主曲据帅众内附，以其地置玄州，以曲据为刺史，隶营州都督府。②

---

①《新唐书》卷75下《宰相世系表五下》。
②《资治通鉴》卷199太宗贞观二十二年（648）四月。

"辱纥主",契丹等族酋领之谓;"曲据"应为李去闾名之异写。这就是说契丹李去闾(唐称"曲据")部入唐后再次内附,并即其隋州名复置玄州。玄州既隶营州,当置于营州州治所在——柳城(今辽宁朝阳)附近。[①]然而玄州在武周和中宗时期又至少两度迁置:

> 李尽忠陷营州,乃迁玄州于徐、宋之境……神龙初乃使北还,二年皆隶幽州都督府。[②]

《旧唐书》谓"北还"之玄州,侨治于范阳县(治今河北涿州)之鲁泊村。[③]又,唐初押领蕃州——玄州等之边州营州,于神龙元年(705)"移府于幽州界置",开元四年(716)"复移还柳城";八年,"又往就渔阳"。[④]按,渔阳县治在今天津蓟州区,开元十八年,"于县置蓟州"[⑤]。关于檀州,《旧唐书》卷39《地理志二》"檀州"条云:

---

①《读史方舆纪要》卷18"玄州城"条谓:"在[大宁]卫(即古营州所在)东南。"

②《新唐书》卷43下《地理志七下》。

③《旧唐书》卷39《地理志二·玄州》。

④《旧唐书》卷39《地理志二》"营州上都督府","渔阳"条。

⑤《旧唐书》卷39《地理志二》"营州上都督府","渔阳"条。

后汉傂奚县，属渔阳郡。隋置安乐郡，分幽州燕乐、密云二县隶之。武德元年，改为檀州。天宝元年，改为密云郡。乾元元年，复为檀州。

檀州（治今北京市密云区）自唐初置，直至明朝洪武元年（1368）始废。

综上可知，契丹李去闾部，自隋初置玄州和贞观中复置，中经"营府"之乱而迁河南，最终落脚于幽州一带。而李楷洛的原籍既为营州柳城，其本人及父祖的官称封号又恰同玄州先后所在地区的"营州""幽州""范阳县""蓟州""檀州"等密切关联，是楷洛之姓氏当源自契丹李去闾（唐称曲据）部落。又，值得注意的是，契丹大酋长窟哥于贞观二十二年（648）举部内属，"乃置松漠都督府，以窟哥为使持节十州诸军事、松漠都督，封无极男，赐氏李"[1]。史载李窟哥本姓大贺，属于大贺氏部落联盟的共有八部。至是，被太宗设十州以处之：

以达稽部为峭落州，纥便部为弹汗州，独活部为无逢州，芬问部为羽陵州，突便部为日连州，芮奚部为徒河州，坠斤部为万丹州，伏部为匹黎、赤山二州，俱隶

---

①《新唐书》卷219《契丹传》。

　　松漠府，即以辱纥主为之刺史。①

　　然而，上引只有八部九州，阙载部、州，日本学者爱宕松男等认为应系契丹乙失革部所置带州，且作出该部、州应为"松漠都督府本部"的结论②。所有这些又表明以李去闾部所置玄州并未列入受李窟哥节度的契丹八部（或九部）十州之中，也就是说李去闾部应为契丹"别部"，其姓氏有别于契丹王室大贺（李）氏。进而言之，李楷洛出自契丹别部李去闾（曲据）部，其非大贺（李）氏部人，也就昭然可知。

　　关于李楷固的氏族，据其孙景略的本传载称"幽州良乡人"。而侨居幽州良乡县（治今北京房山东南）的契丹人共有两支：一为内稽部所置威州，"寄治于良乡县石窟堡"；另一为以契丹、室韦部落所置师州，"寄治于良乡县之故东闾城"③。李楷固既籍贯为幽州良乡县，其氏族所出当为良乡两支契丹中的一支。

　　以上说明，楷洛与楷固虽然同民族同姓氏并同为酋帅出身，但并不来自同一氏族。楷洛的姓氏渊远流长④，而楷固的

------

　　①《新唐书》卷219《契丹传》。
　　②邢复礼译，爱宕松男：《契丹古代史研究》第三章（内蒙古人民出版社1988年出版）。
　　③《旧唐书》卷39《地理志二》"威州""师州"条。
　　④《范阳大都督碑》称楷洛八代祖李节，为"后魏雁门太守"，"燕齐之乱，族没鲜卑，东迁号良将之家"。隋唐之契丹李去闾部，可能为李节之裔。

李姓可能与其君长窟哥被唐太宗赐姓有关。今达斡尔人为契
丹余裔，盛行同氏族不婚的习俗，亦可证楷固、楷洛翁婿必
非同一氏族中人。

第四章

"幼不嬉弄"

景龙二年（708），在京兆府万年县蓟郡开国公的府第，一个小生命呱呱坠地，这个婴儿就是日后叱咤风云的大唐中兴第一名将李光弼。

据说光弼的生母在待字闺中时就已是"才淑冠族"，并有富贵之相。所以乃父"尝鉴之曰'尔后必生公侯之子'"，"后果生公"（按，谓光弼）。[①]

可是，在光弼之前，其父母还先后生有遵直、遵宜、遵行三子，似乎都有点平庸。[②]惑于"尝鉴"之说，楷洛夫妇望子成龙迫切，就把光大门庭的厚望寄于第四子。所以光弼自小就处于严厉的家教之中。《李光弼碑》云：

---

①《全唐文》卷342《李光弼碑》。

②据《李光弼碑》，光弼为楷洛第四子，长兄遵直、次兄遵行，漏记一兄遵宜，据《新唐书·宰相世系表五下》补。三兄仕至将军，先光弼卒。

公（光弼）年六岁，尝抚鹿（尘）而游[1]，蓟公（楷洛）视而诲之曰："儿勿更尔。"公振手而起，遂绝不为童戏。未冠，以将门子工于骑射，能读《左氏春秋》，兼该太史公、班固之学。

《新唐书》称光弼"幼不嬉弄"[2]，这当然同楷洛过分严厉有关。其实，光弼的母亲训子之严也绝不逊于楷洛。《李光弼碑》又称：

太夫人高明整肃，有慈有威。公下气怡声，承顺而每竭其力；虽已官达，小不如意，犹加谯让之责，故能济其勋业。

在这个门庭整肃、汉化浓重的入朝蕃将之家，光弼自小就严于律己，循规蹈矩；更受蕃人家庭尚武气氛的熏染，因而"工于骑射"；又熟读汉人经典，备受儒家传统文化陶冶。尤其难得的是，史称光弼"少从戎"[3]，表明他尚未成年就曾被父亲投入疆场去经风雨见世面，这更非寻常官宦子弟所能经历。所有这些，无不为光弼的成长和日后的勋业创造了良好的前提。

然而，青年时期的光弼，似乎并没有出类拔萃的事迹可称，这大概同彼时光弼正处开元盛世、国家较少战事因而英

①抚尘而游，谓儿童聚沙游戏。
②《新唐书》卷136《李光弼传》。
③《旧唐书》卷110《李光弼传》。

雄无用武之地有关。下边就光弼的早期活动作简要叙说。

大约是开元十六年（728），即光弼刚步入21岁时，以门荫授左卫亲府左郎将[①]，有唐制度"若以门资入仕，则先授亲、勋、翊卫"[②]。而三卫府中之亲卫府官，则"择其资荫高者"（按，即三品以上子）为之[③]。其时，光弼父官拜左领、左羽林二军大将军（正二品），兼朔方节度副使，封蓟郡开国公（亦正二品），故光弼得以高资荫入仕，起家即授左卫亲府左郎将（五品）[④]。此后截至天宝元年（742）五月，即父卒之前，光弼历丰州（治今内蒙古五原西南黄河北岸）、夏州（治今陕西靖边东北白城子）二都督府长史、别驾（即都督上佐），并加朝散大夫[⑤]。又，开元时制度，"三卫"官籍贯在京兆、河南二府及蒲、同、华、岐、陕、怀、汝、郑等州者，"皆令番上，余州纳资而已"[⑥]。是光弼起家授左卫亲府左郎将后，职责主要是在京城宿卫，若逢大朝会或天子巡幸，"则如卤簿之法，以领其仪仗"[⑦]。此外，开元时还规定：蕃人"任三卫者，配玄武门上"[⑧]，即在宫城北门宿卫："凡三卫，

[①]《新唐书》卷136《李光弼传》。
[②]《旧唐书》卷42《职官一》。
[③]《唐六典》卷5《尚书兵部》。
[④]起家：谓自家中征召、授官，即初授官。
[⑤]《全唐文》卷342《李光弼碑》。
[⑥]《唐六典》卷5《尚书兵部》。
[⑦]《唐六典》卷24《诸卫》。卤簿：天子或大臣外出时仪仗队。
[⑧]《唐六典》卷5《尚书兵部》。

皆限年二十一已上"，五品以上且须任职四年①。

　　以上是说光弼在起家授职后，曾番上宿卫宫禁四年，即大约21岁时（开元十六年）任三卫官，24或25岁时取得参选他官资格，亦即开元十九或二十年时外放丰州任职。丰州南至长安1800里，东南至夏州750里，东至胜州（治今内蒙古准格尔旗十二连城）530里，西南至灵州（治今宁夏灵武西南）900里。此地历来为多民族杂居区域，所以贞观四年（630）东突厥降附后，太宗特于此地置丰州都督府，"不领县，唯领蕃户"，并以西突厥特勤出身的入朝蕃将史大奈为都督②。后来突厥复兴，为备御后突厥内寇，朔方军总管张仁愿又于神龙三年（707）在丰州西、中和单于都护府的西南（今内蒙古托克托西南）置西、中、东三受降城。以后朝廷并在三城各置六七千兵力屯守，隶于朔方节度，仅三城兵数就占朔方镇兵数的三分之一③，安北都护府治中受降城（今内蒙古包头西南）。此外，唐入四夷之路共有七条，著名的入回鹘道，就以丰州的中受降城为起点。以上可见丰州都督府在大唐北疆边防中所处重要地位。但因其户不满2万，开元时被定为下都督府。都督府最高长官为都督，别驾、长史等为其上佐，上佐则协助都督掌管数州镇防行政事务。光弼所任丰州长史，为从五品上官职。数年后，改任夏州中都督府长史，

---

　　①《唐六典》卷5《尚书兵部》。
　　②《元和郡县图志》卷4《关内道四》。
　　③《资治通鉴》卷215玄宗天宝元年正月。

官品则转为正五品上。不久又升迁为正四品下的别驾，并加从五品下的文散官——朝散大夫。夏州都督府管夏、绥（治今内蒙古鄂托克旗南）等州，四州境内分布突厥降户（主要为"六胡州"昭武九姓人）以及党项、薛延陀等部落。虽然史籍阙载李光弼在丰、夏二州都督府任长史、别驾的事迹，但以光弼才干和出身于蕃将世家，其对镇防等行政事务的处理，当一定是游刃有余。

天宝元年（742），李楷洛自河源军（在今青海西宁）"班师献捷"，途经怀远县（治今宁夏银川），不幸病故，时在五月二十日。时光弼正在夏州都督府别驾任上，自当就近奔丧、护柩南归长安，从而中断了长达十年的在丰、夏二州都督府的任职。

光弼是个出名的孝子，不仅事母"至孝"，为父居丧，更有超乎常人的表现：

丁父忧，以毁闻，终丧不入妻室。①

对此，欧阳文忠公赞美不已，盛称光弼非"庸人武夫"辈所可比拟。②

---

①《全唐文》卷342《李光弼碑》。
②《新唐书》卷136《李光弼传赞》。

第五章

边上名将

天宝二年（743），光弼为父守丧甫毕，即被朝廷起复为宁朔郡太守，自是又开始了中断一年的边将生涯。

宁朔郡治所在今内蒙古鄂托克旗南，天宝元年改宥州置①。《通典》谓其郡境十分辽阔：

> 东至朔方郡二百一十里；南至五原郡一百四十里；西至灵武郡三百二十里；北至安北都护府八百里；东南到朔方郡长泽县二百九十里；西南到朔方监一百三十里；西北到定远军城三百一十里；东北到朔方郡四百一十里；去西京一千一百九十里；去东京一千九百九十里②。

这个南北千里、东西五百里的地带，一向为多民族杂居区域，

———————

① 《旧唐书》卷 38《地理一》。
② 《通典》卷 173《州郡三》。

故光弼授宁朔郡太守，当是一项极为重要的任命。这得从六胡州降户之叛讲起：

> 初，调露元年于灵州南界置鲁、丽、含、塞、依、契等六州，以处突厥降户，时人谓之"六胡州"。……开元十一年，康待宾叛乱，克定后，迁其人于河南、江淮诸州，二十六年还其余党，遂于此置宥州，以宽宥为名也。①

"六胡州"降户的反叛，是开元中少数民族规模最大的一次起义，自开元九年（721）三月爆发，历时一年半之久，多达七万人卷入。参加者多为突厥降户中昭武九姓人，并有党项等蕃"潜与""通谋"。"叛胡"不仅"攻陷六胡州"，且"进逼夏州"②。

朝廷数遣"陇右诸军""河东九姓"等汉蕃将士征讨；兵部尚书王晙、宰相张说、陇右节度使郭知运，以及蕃将王毛仲（高丽人）、阿史那献（西突厥可汗）等都曾相继统军镇压。在既"杀三万五千骑"③、擒胡酋康待宾并送长安腰斩之后，余众仍前仆后继坚持战斗。为此，玄宗特置朔方节度使以剿六胡州余党和备边。直至开元十年（722）九月，朔方军

---

① 《元和郡县图志》卷4《关内道四》。
② 《资治通鉴》卷212玄宗开元九年（721）四月。
③ 《册府元龟》卷986《外臣部·征讨五》。

才悉平"康待宾余党"。朝廷为防范胡众复起，遂"徙河曲六州残胡五万余口于许、汝、唐、邓、仙、豫等州，空河南、朔方千里之地"①，然而皇上仍心有余悸，在既"宽宥"降胡之后，复望这块关内道北部地区长宁永安，故天宝元年（742）又改宥州为宁朔郡。李光弼既为蕃人出身，又有在此一地区长期任职的经历，既熟谙蕃情，又练达边务，更有统军打仗的本领，所以在太守的人选上，朝廷看中了他。此后，在长时间内——至少在光弼任太守期间，宁朔州确实平安无事。

天宝四载（745），光弼在太守三年任满后，加官左清道率兼安北都护府都护，并充朔方行军都虞候。按，左、右清道率，正四品上，"掌东宫内外昼夜巡警之法"。②光弼既任安北都护等，就不可能履行千里之外的京官职责，故其东宫十率府长官之一的左清道率，谓之加官——即加领名义上的官职。

安北大都护府，旧称燕然、瀚海都护府，总章二年（669），改名为安北大都护府。初置时，治所在今蒙古国杭爱山东端，后几度迁徙，至开元十年（722），移治于中受降城（故址在今内蒙古包头西南黄河北岸）。都护府长官都护、副都护之职，"掌抚慰诸蕃，辑宁外寇，觇候奸谲，征讨携

---

① 《资治通鉴》卷212玄宗开元十年（722）八月。
② 《旧唐书》卷44《职官三》。

离";①即管理以周边民族所置羁縻府州的事务。隶于安北都护府的有以突厥、铁勒等民族的十三个部落所置六羁縻府十羁縻州②。安北为大都护府，其最高长官大都护一职，一般由亲王遥领，下设副大都护一员，从三品，副都护二人，正四品上③。可见《李光弼碑》谓天宝元年光弼授安北都护一职应为副都护。又，安北都护府领兵六千，受统于朔方节度使，所以行军作战时，光弼又充军队执法长官——行军都虞候。据《王忠嗣碑》载：天宝四载（745），光弼曾随节度使王忠嗣出白道（在今内蒙古呼和浩特西北）讨击后突厥残部④。

天宝五载（746），为光弼仕途中的一个重要里程碑。这一年，曾任朔方节度使五年的王忠嗣又兼河西等镇节帅。光弼作为忠嗣的爱将，被擢为河西兵马使、赤水军使，并加游击将军、守右领军将军，赐紫金鱼袋⑤。是年八月袭封蓟郡开国公⑥。

兵马使，"节镇衙前军职也，总兵权，任甚重。至德以

---

① 《唐六典》卷30《三府都护州县官吏》。
② 《新唐书》卷43下《地理志七下》。
③ 《唐六典》卷30《三府都护州县官吏》。
④ 《全唐文》卷369元载《王忠嗣碑》。
⑤ 《新唐书》卷24《车服志》谓："随身鱼符者，以明贵贱，应召命"，"皆盛以鱼袋，三品以上饰以金"。
⑥ 李光弼天宝五载官封，见《李光弼碑》；但《通鉴》卷215将光弼之河西兵马使的擢授时间系于六载（747）十月己酉条。

后，都知兵马使率为藩镇储帅"①。关于赤水军使，《元和郡县图志》谓置于凉州（治今甘肃武威）城内：

> 管兵三万三千，马万三千匹。本赤乌镇，有青赤泉，名焉。军之大者，莫如赤水，幅员五千一百八十里，前拒吐蕃、北临突厥者也。②

时称大镇之安西（兵22000人）、北庭（兵20000人）、岭南五府经略（兵15400人）都不及赤水军兵盛；其建制实际上相当于一个大的藩镇，至少从兵力上看来如此。

时王忠嗣为河西、陇右节度使，兼知朔方、河东节度事；"杖四节，控制万里，天下劲兵重镇，皆在掌握"③。一代名将，诸如哥舒翰等，均出于忠嗣麾下，而部将中最为忠嗣看重的则是李光弼。《旧唐书·李光弼传》称："忠嗣遇之甚厚，常云：'光弼必居我位。'"基于忠嗣对爱将的无比信任，光弼得授河西兵马使、赤水军使等重任。

虽然史称忠嗣器重光弼，"虽宿将莫能比"④，但涉及两者关系的具体事迹记载却很少，治史者所熟知者仅有一条史料，摘引于下：

①《资治通鉴》卷215玄宗天宝六载（747）十月己酉条《胡注》。
②《元和郡县图志》卷40《陇右道下》。
③《资治通鉴》卷215玄宗天宝五载（746）正月。
④《新唐书》卷136《李光弼传》。

上欲使王忠嗣攻吐蕃石堡城，忠嗣上言："石堡险固，吐蕃举国守之，今顿兵其下，非杀数万人不能克；臣恐所得不如所亡，不如且厉兵秣马，俟其有衅，然后取之。"上意不快。将军董延光自请将兵取石堡城，上命忠嗣分兵助之。忠嗣不得已奉诏，而不尽副延光所欲，延光怨之。

李光弼言于忠嗣曰："大夫以爱士卒之故，不欲成延光之功，虽迫于制书，实夺其谋也。何以知之？今以数万众授之而不立重赏，士卒安肯为之尽力乎！然此天子意也，彼无功，必归罪于大夫。大夫军府充牣，何爱数万段帛，不以杜其谗口乎！"忠嗣曰："今以数万之众争一城，得之未足以制敌，不得亦无害于国，故忠嗣不欲为之。忠嗣今受责天子，不过以金吾、羽林一将军归宿卫，其次不过黔中上佐；忠嗣岂以数万人之命易一官乎！李将军，子诚爱我矣，然吾志决矣，子勿复言。"光弼曰："向者恐为大夫之累，故不敢不言。今大夫能行古人之事，非光弼所及也。"遂趋出。①

这段二人对话，再清楚不过地反映了忠嗣、光弼间的关系非

---

①《资治通鉴》卷215玄宗天宝六载(747)十月；并见两《唐书·王忠嗣传》。

同寻常，他们彼此推心置腹，无话不谈，他们超越上下级关系的障碍，互敬互重，时刻关心对方的安危。尤其有意思的是作为年龄相近的人，虽然一个早熟，一个大器晚成，但才干、性格、旨趣却不乏共同之处。史称忠嗣"工谋于国则拙于身"①；他不顾个人得失，惟"以持重安边为务"②，致天子震怒，几乎身首异处③。而光弼也是个"工于料人而拙于谋己"的角色，观其末路，遭朝廷疑忌，竟"卒以忧死"④。两人下场，何其相似乃尔！

果如光弼所料，董延光因师出无功，归罪于忠嗣阻挠军计，奸相李林甫乘机诬告忠嗣欲拥兵以"尊奉太子"。于是，玄宗大怒，"因征入朝，令三司推讯之，几陷极刑"。赖部将哥舒翰苦谏，才从轻发落，天宝八载（749），忠嗣以45岁英年"暴卒"于贬所⑤。

在王忠嗣被治罪的同时，即天宝六载（747）十一月，安禄山的族兄安思顺取代忠嗣为河西节度使。此后至天宝十一载（752），李光弼一直隶于安思顺麾下。同忠嗣一样，思顺亦十分器重光弼，光弼于天宝八载（749）"迁右金吾卫将军，

---

①《新唐书》卷133《王忠嗣传赞》。

②《册府元龟》卷429《将帅部·守边》。

③《资治通鉴》卷215玄宗天宝六载(747)十一月。

④《新唐书》卷136《李光弼传赞》。

⑤《旧唐书》卷103《王忠嗣传》。

充节度副使"①，当与思顺的信任有关。当然这也是光弼边功累积的结果，如随后的"加云麾将军、左武卫大将军"，就是"以破吐蕃及招讨吐谷浑"而赏功升迁。②

天宝十一载（752），李光弼告别了河西备边的七年生涯，但并未结束其边将身份；是年，光弼又以朝命回到早先供职的地方，拜单于副大都护③。按，单于大都护府之设，原为捍御、抚慰突厥等北蕃的需要，时后突厥破亡，于混乱中统一漠北的为铁勒回纥部族，酋长骨力裴罗被玄宗册为怀仁可汗，同朝廷建立了良好的关系。光弼的新职责应为"抚慰""辑宁"突厥余部和由铁勒诸部演变的"回纥外九姓"等蕃。安史之乱爆发后，多有此类蕃酋勤王成为朔方系统的蕃将，如仆固部酋仆固怀恩、浑部酋帅浑释之父子、阿跌部酋阿跌良臣、突厥人白元光等，都是平叛中闯出来的一代名将。又，单于大都护由唐室亲王遥领，所以，光弼新职实际上为大都护。后来光弼改任朔方节度副使，单于大都护府仍处于其所统之列，故安史乱中，这里诸蕃比较安静并站在平叛前沿，应与光弼长期于此积累的政绩有莫大关系。

天宝十一载（752），遥领朔方节度年余的宰相李林甫，推荐河西镇帅安思顺自代。十三载（754），朔方节度使安思

①《全唐文》卷342《李光弼碑》。

②《全唐文》卷342《李光弼碑》。

③据《李光弼碑》和《旧传》，光弼是年拜副都护。疑碑、传脱"大"字，故正之。

顺，表奏光弼为本镇节度副使，并主持留后事（即代行节度使职务）。"思顺爱其材，欲妻之，光弼称疾辞官"①。时光弼已47岁，夫人为名门闺秀（出太原王氏），但"先公（光弼）而逝"②。思顺之所以要嫁女于一个接近"知天命"之年的人，固然是为了笼络光弼，但首先是看中了光弼的才干。而光弼对这个顶头上司虽然表面上尊重，内心深处却无好感。前述王忠嗣之罢官贬死，是由于李林甫的陷害诬构，而取代河西节度的则是思顺。数年后思顺徙镇朔方，又系林甫推荐。这不能不使光弼怀疑思顺、林甫为互相勾结的奸党。有迹象表明王忠嗣系统的其他将帅，基于对故帅的感情，对安思顺乃至其族弟安禄山都是深恶痛绝的。后来安思顺、安元贞兄弟之死于非命，就是出于王忠嗣爱将哥舒翰的诬陷③。"忠嗣遇之甚厚"的光弼，基于道义，当然不会同意这桩婚姻。这件事似乎影响很大，连休病假在长安的哥舒翰都知道了。为了使光弼摆脱困境，遂"奏归京师"。

回归长安的光弼，难得有这么一段闲散的时间，且为了避免再惹麻烦，"遂守道屏居，杜绝人事"④。直至天宝十四载（755）安禄山反，才重返朔方，官复原职。

---

①《旧唐书》卷110《李光弼传》。
②《全唐文》卷342《李光弼碑》。
③《新唐书》卷135《哥舒翰传》。
④《全唐文》卷342《李光弼碑》。

第六章

重返故镇

  天宝十四载（755）十一月九日，兼三道节度，拥有全国三分之一兵力的安禄山反于范阳（今北京西南）。叛军长驱南下，起兵仅34天就攻陷东京，官军被迫弃陕州（治今河南三门峡西旧陕县）数百里地，退守潼关。十二月十二日，叛军大同军兵马使薛忠义寇静边军（在今山西右玉县），朔方节度使命左兵马使李光弼等迎击，"大破之，坑其骑七千"。又乘胜进围云中（今山西大同），拔马邑（今山西朔州市），开东陉关（在今山西代县东北胡峪山上）[①]。

  在叛军不可一世、官军望风溃逃之际，唯郭子仪、李光弼所统朔方军战无不胜。平叛战争的序幕一拉开，郭、李就进入角色，并成为唐室希望之所在。然而，从李光弼在平叛舞台上出现和小试锋芒中，提示我们有两个问题需要交待清楚：其一，光弼何时离开长安；其二，何人引荐重返朔方军。

---

  ①《资治通鉴》卷217玄宗天宝十四载(755)十二月。

关于一，《李光弼碑》说：

> 十四载冬十一月，安禄山反范阳，天下驿骚，朝廷
> 盱食，求虓㘚之将，爰统鹰扬之师。明年春正月，起公
> （光弼）为银青光禄大夫、鸿胪卿兼云中郡太守，摄御史
> 中丞、持节充河东节度支度营田副大使知节度事，仍充
> 大同军使。

这段碑文清楚地记录了光弼的起官复出为十五载（756）正月
事。《旧唐书·李光弼传》亦将光弼的起复系于十五载正月。
《新唐书·李光弼传》则不书具体时间，只浑言"安禄山反"，
"诏摄御史大夫，持节河东节度副大使，知节度事，兼云中太
守"。所有这些记载，均同本章开始所引《通鉴》资料有很大
出入。按照《通鉴》所记，早在十四载（755）十二月十二日
前光弼就已复出，并授朔方军左兵马使。而《册府元龟》所
记，又与《通鉴》等不同：

> 十五载正月，禄山陷东都。诏朔方节度郭子仪收河
> 朔，以朔方节度副使李光弼为云中太守、摄御史大夫、
> 充河东节度副大使知节度事，委以东讨。①

---

①《册府元龟》卷122《帝王部·征讨二》。

又，光弼之朔方兵马使和节度副使为天宝十三载辞官前所授[1]。是上引之"朔方节度副使"和静边军之战中的"左兵马使"二职，应为光弼复出后官复原职，且其复出时间不仅早于十五载正月，还当早于静边军之战的发生时间，即天宝十四载十二月十二日。联想到光弼天宝十三载的辞官是为了抗婚于安思顺，如果此际思顺仍为朔方节帅，光弼是万不能重返故镇的。故光弼复职应取决于思顺何时离开朔方镇。史称：

> （天宝十四载十一月）丙子，上还宫（按，自华清宫还）。斩太仆卿安庆宗，赐荣义郡主自尽。以朔方节度使安思顺为户部尚书，思顺弟元贞为太仆卿。以朔方右厢兵马使、九原太守郭子仪为朔方节度使。[2]

是朝廷对安思顺以及对禄山子庆宗等处分在十四载（755）十一月二十一日（即丙子日），也就是说，光弼的复职时间当不会早于这一天，更有可能与子仪的除授为同日同步发生。

关于何人引荐光弼重返朔方镇，治史者不察，往往以为是郭子仪所为。其实不然。《新唐书·李光弼传》谓："安禄山反，郭子仪荐其能。"《旧唐书·李光弼传》称："玄宗眷求良将，委以河北、河东之事，以问子仪。子仪荐光弼堪当阃

---

①《李光弼碑》《旧唐书·李光弼传》。

②《资治通鉴》卷217玄宗天宝十四载(755)十一月。

寄。"《通鉴》讲得更为具体：

> 上命郭子仪罢围云中，还朔方，益发兵进取东京，选良将一人分兵先出井陉，定河北。子仪荐李光弼，癸亥，以光弼为河东节度使。分朔方兵万人与之。①

据上引，郭子仪确曾推荐过李光弼，但这是举荐光弼为河东节度，非谓向朝廷建议光弼重返朔方、官复旧职也。子仪向玄宗荐"良将"的时间为至德元载（756）正月初八事，上距静边军之战已将近一月。去安思顺离镇已47天。在这期间，光弼非但早已归镇，且足未东出井陉（关名，在今河北井陉县西北井陉山上），就已名声大噪河北②。所以光弼的复出，或出己意，或为圣裁，与子仪无干涉。如果有人举荐，当是在京的哥舒翰；翰既是光弼早年战友，又同为王忠嗣的爱将，更系光弼"表还长安"者——解铃还须系铃人，舍翰，更有何人！

这样说，并不是要掠郭子仪之美。李光弼复出不满两月，就超拜河东节度使，一如上述，这确实是郭子仪推荐的。而如此举动，就子仪言，尤其难能可贵：

---

①《资治通鉴》卷217肃宗至德元载（756）正月。

②时河北传言："李光弼引步骑一万出井陉"，"朝夕当至"。见《通鉴》卷217。

> 当［安］思顺时，汾阳（郭子仪）、临淮（李光弼）
> 俱为牙门都将，将万人，不相能，虽同盘饮食，常睚相
> 视，不交一言。①

可见二人不和已久。是什么原因致彼此视对方为路人？原来
两人的根底各不相同。如前述，李光弼虽然早年长期在朔方
系统的州府任职，但最受重用的时间是在王忠嗣任河西节度
使期间。对于忠嗣的知遇之恩，应当说他是没齿不忘的。因
而忠嗣的被人构陷贬死，他尤其痛心疾首，耿耿于怀。而同
出河西藩镇忠嗣部将的王思礼、哥舒翰等必欲构杀安思顺而
后快②，从一个侧面表明光弼对思顺决不会有什么好感。王忠
嗣的英年"暴死"，相信安思顺不一定负有责任，但他与迫害
忠嗣的李林甫同属一条线上的人，则当为忠嗣河西系统将领
之共识。而郭子仪则不然，截至安史之乱爆发，他一直在朔
方系统任职，并有迹象表明他同镇帅安思顺的关系非同一般。
安思顺死后多年，子仪犹念念不忘为其平反昭雪，并大骂哥
舒翰等对思顺的"因谋陷害"。现摘录其《请雪安思顺表》于
下：

> 伏见故开府仪同三司兼工部尚书安思顺并弟羽林军

---

① 《全唐文》卷756杜牧《张保皋郑年传》。

② 《旧唐书》卷110《王思礼传》、《新唐书》卷135《哥舒翰传》、《资治
通鉴》卷217肃宗至德元载(756)三月。

大将军兼太仆卿元贞等，竭心圣代，宣力先朝：或任重疆场，或寄深环列：刈单于之垒，殿天子之邦；播算竹帛，图形文素。既称名将，实为勋臣。哥舒翰与之不叶，因谋陷害；云共禄山通应，兄弟尽受诛夷。冤痛之心，殁而犹在。安禄山牧羊小丑，本实姓康。远自北番，来投中夏。思顺亡父波主，哀其孤贱，收在门阑。比至成立，假之姓氏。及禄山拥旄蓟北，思顺授钺朔方，虽则兄弟，而情非党与。禄山未反之日，思顺屡已陈闻，朝廷百僚，无不委悉，岂意奸人罔上，成此盗憎！生为尽节之臣，死为衔冤之鬼。赵母以先请免坐，思顺以变告覆宗。死而有知，饮恨何极！……陷贼衣冠，咸蒙齿列，岂令思顺兄弟，独隔恩私，忠义之臣，所为流涕！此臣所以特祈昭洗，昧死上闻。①

《请雪表》通篇洋溢着子仪对已故上司安思顺的深情厚爱，并在为思顺兄弟歌功颂德、极力辨诬的同时，痛斥哥舒翰为"奸人罔上"。其立场、观点以及感情寄托不同于王忠嗣河西系将领，昭然若揭。"道不同，不相为谋"，其同李光弼因非一条线上的人而互存芥蒂就不难理解。然而，在禄山反后，国难当头之时，郭子仪不顾个人恩怨，举荐李光弼"堪当阃寄"，确实不易。更有意思的是，事前，李光弼竟不知道郭子

①《全唐文》卷452邵说《代郭令公请雪安思顺表》。

仪保举自己为河东节度使，所以在诏命未下达之前，曾犹豫是否逃离朔方军：

> 及汾阳代思顺，临淮欲亡去①，计未决。旬日，诏临淮分汾阳半兵东出赵、魏，临淮入请曰："一死固甘，乞免妻子。"汾阳趋下，持手上堂，曰："今国乱主迁②，非公不能东伐，岂怀私怨时邪？"及别，执手泣涕，相勉以忠义，讫平剧盗，实二公之力。③

对郭子仪举贤不避仇的高风亮节，唐人杜牧大发议论，感慨不已：

> ［子仪］知其（光弼）心不叛，知其材可任，然后心不疑，兵可分。平生积怨，知其心难也；怨必见短，知其材益难也。……临淮……请死于汾阳，此亦人之常情也。……此乃圣贤迟疑成败之际也。④

宋人欧阳文忠公亦赞美子仪道："嗟乎，不以怨毒相甚，而先

---

①此处当有误。子仪代思顺前，光弼当在长安。
②此处有误。时玄宗尚未播迁。
③《新唐书》卷220《新罗传赞》。
④《全唐文》卷756杜牧《张保皋郑年传》。

国家之忧", "唐有汾阳" ①。

由于二人捐弃旧嫌, "相勉以忠义", 在以后的平叛活动中, 互相配合, 彼此信任, 力挽狂澜, "世称李郭"。

---

①《新唐书》卷 220《新罗传赞》。

第七章
挺进敌后

天宝十五载（756）正月，安禄山伪即帝位，国号大燕，自称雄武皇帝，改元曰圣武元年，定都洛阳，而以旧窠范阳为东都。八日，史思明攻陷常山郡（治今河北正定），太守颜杲卿等遇害。思明又"引兵击诸郡之不从者，所过残灭"，于是邺（治今河南安阳）、广平（治今河北永年东南）、钜鹿（治今河北邢台）、赵（治今河北赵县）、上谷（治今河北易县）、博陵（治今河北定州市）、文安（治今河北任丘县北鄚州）、魏（治今河北大名县东北）、信都（治今河北冀县）等郡"复为贼守"[1]。是时，黄河南北、潼关以东大多沦于叛军铁蹄之下，进而夺关直捣长安已是指日可待。

值此大唐存亡之秋，李光弼临危受命，以新拜河东节度使、加魏郡太守、河北道采访使的身份，于二月二日（丙戌）率蕃、汉步骑五千人东出井陉（关名，在今河北井陉西井陉

---

①《资治通鉴》卷217肃宗至德元载(756)正月。

山上），开辟了河北战场，从而扭转了自安禄山反叛以来官军
被动挨打的局面。

光弼挺进敌后以后，主要做了如下数事。

其一，祭奠烈士英灵，厚恤死者家属。

二月五日，光弼东讨大军至真定（县治在今河北正定
县），常山郡团练兵三千人闻风响应，群起诛杀胡兵并执守将
安思义出降。二十多天前，这里曾发生过一场血腥大屠杀，
史思明在攻陷常山郡城后，"纵兵杀万余人"[1]，"战士死者蹄
藉于滹沱之上"。面对着这狼藉蔽野的烈士尸体，光弼亲自拂
去亡躯口中的沙尘，一一给予安葬，"因恸哭以祭之"，并
"恤其家属"和释放被叛军关押的群众。由是，常山城百姓
"莫不感激一心"[2]。

其二，优礼战俘，敌为我用。

对于被执常山城叛军守将安思义，不杀不辱，晓以大义，
以化腐朽为神奇，从而做到敌为我用。《通鉴》记述了光弼同
思义的一段有趣的谈话，照录如下：

> 光弼谓思义曰："汝自知当死否？"思义不应。光弼
> 曰："汝久更陈行，视吾此众，可敌思明否？今为我计当
> 如何？汝策可取，当不杀汝。"思义曰："大夫士马远来

①《资治通鉴》卷217肃宗至德元载(756)正月。
②《全唐文》卷342《李光弼碑》。

疲弊，猝遇大敌，恐未易当；不如移军入城，早为备御，先料胜负，然后出兵。胡骑虽锐，不能持重，苟不获利，气沮心离，于时乃可图矣。思明今在饶阳，去此不二百里。昨暮羽书已去，计其先锋来晨必至，而大军继之，不可不留意也。"光弼悦，释其缚，即移军入城。

按，光弼短于野战，长于城守，且至少在兵力和装备上，同叛军无法比拟。所以安思义的以逸待劳、后发制人策，与光弼用兵之道不谋而合，也同光弼的实力处于劣势的情况相适应。

其三，坚守常山，以逸待劳。

果如安思义所料，次日（即二月六日）天不亮史思明的先遣军就达常山，接着史思明大军亦至，合二万余骑，直抵常山城下。

时光弼兵数不及史思明的一半，面对敌强我弱的形势，光弼先以步兵五千出东门作试探性迎战，但叛军人多势众，官军被压回城中。于是光弼立即改换作战方式，命五百名弓箭手向城下叛军密集发射，逼得敌人稍稍后退。又乘敌乱了阵脚时，派弓箭手千人分作四队出城，使其矢发发相继，迫敌移阵地于道北。光弼则派兵五千于道南组成"枪城"，夹滹沱水布下阵地。叛军以骑兵搏战，光弼士卒则用箭射之，叛军人马多半中矢，不得不退却以等候步兵到来。正在这时，有村民报告说饶阳（治今河北深州市西南）方向有叛军步兵五千人已急行军至九门（县治在今石家庄市藁城区西北）南边的逢壁，估计正在歇息。光弼立即派出步、骑兵各二千人，顺着滹沱水潜行至逢壁，"贼方饭，纵兵掩击，杀之无遗"。"思明闻之，失势，退入九门"[1]。时常山郡九县，七附官军，只有九门、藁城二县尚为叛军据守。光弼派五百兵戍石邑（在今石家庄市西南），又各以兵三百分守真定（县治在今河北正定县）、行唐（县治在今河北行唐县）、井陉（县治在今河北井陉县西北）、平山（县治在今河北平山县）、获鹿（县治在今石家庄市鹿泉区）、灵寿（县治在今河北灵寿县）等县。

光弼于常山保卫战中，虽小试锋芒，但却给敌人以巨大伤亡：全歼敌步兵五千，伤敌骑兵万余；这是自平叛以来战果最辉煌的一次。尤其有意义的是，由于光弼在常山拖住叛军最精锐兵力，不仅使饶阳解围，而且因战线东移，给郭子仪腾出时间，从容返回朔方镇所"益选精兵"，进克云中，为不久郭李会师、大展鸿图，创造了有利的条件。

为酬光弼新功，三月二十九日，朝廷以光弼为范阳长史、河北节度使。

其四，李、郭会师，形势大变。

光弼东讨中，尽管取得了诸如逢壁等战役的胜利，但从整个实力对比上讲，当时还是处于叛军势盛官军力弱的阶段。而且光弼为保住常山境内九座县城中的七座，又不得不分军把守，于是万余兵只好分散于几座城池，使得兵力本来就不

---

[1]《资治通鉴》卷217肃宗至德元载(756)二月。

足的情况愈显得严重。而这时因几次交锋大吃苦头的史思明变得聪明起来，他不去同官军正面接触，而是"以奇兵断饷道"，致光弼常山守军粮草不继，"马食荐藉"（按，谓草席、席垫）①。为摆脱这长达四十余日的相持局面，光弼向子仪请求支援。此际的子仪，不仅完成了在朔方镇"益选精兵"的任务，而且攻拔了云中郡城（今山西大同市），于是挥师东出井陉，于四月九日至常山，"与光弼合，蕃、汉步骑共十余万"。此后，仅一旬时间，河北的形势就有了大变：

甲午（十一日），子仪、光弼与史思明等战于九门城南，思明大败。中郎将浑瑊射李立节（禄山心腹大将），杀之。瑊，释之之子也。思明收余众奔赵郡，蔡希德（禄山心腹大将）奔钜鹿。思明自赵郡如博陵，时博陵已降官军，思明尽杀郡官。河朔之民苦贼残暴，所至屯结，多至二万人，少者万人，各为营以拒贼；及郭、李军至，争出自效。庚子（十七日），攻赵郡；一日，城降。士卒多虏掠，光弼坐城门，收所获，悉归之，民大悦。子仪生擒四千人，皆舍之，斩禄山太守郭献璆。光弼进围博陵，十日，不拔，引兵还恒阳就食。②

①《新唐书》卷136《李光弼传》。
②《资治通鉴》卷217肃宗至德元载(756)四月。

李、郭会师，协同作战，以及严明的纪律，百姓的归心，这大好的形势，预示着光弼等在河北战场上还将有更大的举措。

其五，嘉山大捷，"禄山大恐"。

五月十五日，李光弼、郭子仪返回常山。史思明收拾散卒数万踵随官军之后，复败之于沙河（在今河北行唐、新乐县之间）。时蔡希德至洛阳，禄山让他统步、骑二万人北就思明，又使亲信牛廷玠发范阳等郡万余人助思明，汇合常山附近的三支叛军，达五万余人。其中有五分之一为禄山的王牌军人，即所谓禄山"假子"，同罗"曳落河"（健儿）之辈。为消磨敌人的锐气，郭、李则以深沟高垒，采用"疲敌"战术与之周旋；"贼来则守，去则追之，昼则耀兵，夜斫其营，贼不得休息"。数日后，当把敌人折腾得饥疲沮丧时，李、郭遂认为"贼倦矣，可以出战"。是月二十九日，两军大战于嘉山（在今河北曲阳县东），官军取得了平叛以来最大胜利：

> 大破贼党，斩首万计，生擒四千。思明露发跣足奔于博陵，河北归顺者十余郡。①

《通鉴》对战果说得更为具体，谓仅叛军斩首者就达四万余级。按，是时思明所拥不过五万余人，加上被生擒者，几乎是全军覆没。

---

① 《册府元龟》卷358《将帅部·立功一一》。

嘉山大捷对叛军的震动极大，由于河北十余郡"皆杀贼守将而降"，从而断绝了叛军联系老巢范阳的通道，"贼往来者皆轻骑窃过，多为官军所获，将士家在渔阳者无不摇心"[①]。在"逆徒几溃"的形势下[②]，禄山恐惧万状，欲弃洛阳窜逃范阳，并大骂谋士严庄、高尚等不该诱他反叛朝廷[③]。

其六，建言朝廷，固守潼关。

嘉山大捷后，李、郭拟乘新胜之师直捣叛军根本。遂上奏朝廷"请引兵北取范阳，覆其巢穴，质贼党妻子以招之，贼必内溃。潼关大军，唯应固守以弊之，不可轻出"[④]。

潼关距京师仅三百里，"利在守险，不利出攻"。李光弼从全局战略考虑，若攻取禄山叛穴，叛军自然无心西进，潼关以东敌人，也就不攻自溃，这将是以最小的代价，赢得全局的胜利。可是，宰相杨国忠以守潼关的哥舒翰"持兵未决"，"虑反图己"，遂利用皇上求胜心切的情绪，以朝命逼翰出关仓促接战，致"王师奔败，哥舒受擒"[⑤]。

由于朝廷不采纳李光弼等"固关无出"之策，至潼关失守，天子播迁，太子收兵灵武，李、郭追赴行在，光弼等半年浴血奋战所得，至是毁于一旦。

---

①《资治通鉴》卷218肃宗至德元载(756)五月。

②《全唐文》卷342《李光弼碑》。

③《新唐书》卷225上《安禄山传》。

④《资治通鉴》卷218肃宗至德元载(756)六月。

⑤《旧唐书》卷106《杨国忠传》。

第八章

保卫太原

至德元载（756）七月，玄宗至蜀，太子李亨即皇帝位于灵武（今宁夏灵武西南），是为肃宗。李、郭应新天子诏，于次月"全师赴行在，军声遂振，兴复之势，民有望焉"①。是月，授光弼户部尚书，兼太原尹、北京（今太原）留守、同中书门下平章事，以景城（治今河北沧州东南）、河间（治今河北河间）之卒五千赴太原。

此时，因郭子仪、李光弼所统全师调往灵武，由是河北等地叛军的声势复炽，至十一月，河北诸郡悉为史思明等攻陷。至德二载（757）正月，气焰高涨、不可一世的河北等地叛军遂兵分四路——史思明自博陵（治今河北定县）、蔡希德自太行（即太行关，又称天井关，在今山西晋城南）、高秀岩自大同（即大同军，在今山西朔州东北）、牛廷玠自范阳（治今北京）——总十万大军，入寇太原（今山西太原西南）。光

---

①《旧唐书》卷120《郭子仪传》。

弼所处形势，极为严峻，《通鉴》称：

> 李光弼麾下精兵皆赴朔方，余团练乌合之众不满万
> 人。思明以为太原指掌可取，既得之，当遂长驱取朔方、
> 河、陇。①

对此，太原诸将"皆惧"，"议修城以待之"。光弼则不以为
然，他认为"太原城周四十里，贼垂至而兴役，是未见敌先
自困也"②。然而，以不足万人的"懦兵"面对十倍于己的劲
卒悍将，这一仗究竟应如何打？光弼似早已胸有成竹。

掘壕、作墼　光弼亲自带领军民于城外挖掘战壕，构筑
工事。外制作墼（土坯）数十万，"众莫知所用"。及至敌人
攻城于外，光弼用之增垒于内；即堡垒有损，就以备用的土
墼补之。

城守严密　思明围太原，月余不下，于是挑选一批勇猛
骄健的将士组成"游兵"，并告诫说："我攻其北则汝潜趣其
南，攻东则趣西，有隙则乘之"。思明以为，用此声东击西战
术，只要有一方守城官军出现懈怠，就可乘虚而入。可是，
"光弼军令严整，虽寇所不至，警逻未尝少懈，贼不得入"③。

地道战　在古代战争中，运用地道作战，似乎是李光弼

①《资治通鉴》卷219肃宗至德二载(757)正月。
②《资治通鉴》卷219肃宗至德二载(757)正月。
③《资治通鉴》卷219肃宗至德二载(757)正月。

一大发明。光弼善于发现和使用人才，即使有小技能，亦"皆取之，随能使之，人尽其用"。当敌人攻城无隙可乘时，就在城外叫骂，企图激怒光弼出城较量。时军中有铸钱工三人，光弼知他们善于挖掘地道，就令他们带人自城内穿洞穴于城外。以后又有敌人骂阵，光弼则派人从地道中曳其足而入，"临城斩之"。"自此贼将行皆视地，不敢逼城"①。思明为了攻城需要，制作"飞楼"，"障以木幔"（按，用以防箭），又筑土山于城下。光弼则"遣穴地颓之"。对神出鬼没的官军，思明在"大骇"之后，又无可奈何地"徙牙帐远去"②。为了更多地消灭敌人，光弼又派人"诈与贼约，刻日出降，贼喜，不为备"。光弼则组织士卒将地道挖至敌营之下，并以木头支撑道顶。及至约定日期叛军又遭受一次意外的重创：

> 光弼勒兵在城上，遣裨将将数千人出，如降状，贼皆属目。俄而营中地陷，死者千余人，贼众惊乱，官军鼓噪乘之，俘斩万计。③

石炮战 光弼又作大炮多门，置于城中四面。俟敌逼近城池，即以巨石放炮乱击之，一发辄击毙二十余人，思明

————————

①《旧唐书》卷110《李光弼传》。

②《新唐书》卷136《李光弼传》。

③《资治通鉴》卷219肃宗至德二载（757）正月。

"骁将劲卒死者十二三"①。

斗勇 通过一段时间光弼与敌人斗智，大长了太原军民的志气，大灭了思明诸军的威风；"城中长幼咸伏其勤智，懦兵增气而皆欲出战"②。狡猾的史思明知道再待下去结果将更不堪设想，遂以禄山被弑、新主安庆绪命其"归守范阳"为借口，率先离去，而留下蔡希德继续啃这个苦果。二月十九日，李光弼亲自率领敢死之士出城同蔡希德决战，"大破之，斩首七万余级"，叛军的军资器械，"一皆委弃"③，希德狼狈遁走。至是，历时一个多月的太原保卫战，以大获全胜而宣告结束。

在太原保卫战中，李光弼不仅自我塑造了一个大智大勇、临危不惧的杰出军事家的光辉形象，而且还充分地表现出他具有公而忘私的品格：

> 光弼自贼围城，城中迁一小幕止宿，有急即往救之。行至府门，未尝回头，不复省视妻子。贼退后，收拾器械，处置公事。经三日，然后归家。④

特别应指出的是，在太原保卫战中，其非凡的军事思想时有

①《册府元龟》卷400《将帅部·固守二》。
②《旧唐书》卷110《李光弼传》。
③《册府元龟》卷358《将帅部·立功一一》。
④《册府元龟》卷417《将帅部·受命忘家》。

表露。他面对十倍于己的强大敌人，敢于在战略上藐视，但又不盲目地瞧不起强敌，而是将这种大无畏的思想建立在战术上充分重视敌人的基础上。在时机尚未成熟时，他绝不轻易出击。他创造的地道战战术，搞得敌人晕头转向、莫名其妙，以至于敌人对他敬畏若神明，"呼为'地藏菩萨'"①。当他以诸多局部胜利将部下"懦兵"的士气大大鼓舞起来后，就毫不犹豫地抓住战机，同敌人进行最后决战，并获得全局的胜利。

还应注意的是，史思明等入寇太原的最终目的是"长驱取朔方、河、陇"，即直捣兴复唐室的大本营。结果非但未能逾越光弼这座国之长城，反丧师丢地。太原战事一结束，光弼为扩大战果，进收清夷（在今河北怀来）、横野（在今山西天镇）等军，并"擒贼将李弘义以归"②。光弼还曾西渡黄河讨击敌人，当叛军别将攻好畴县（治今陕西永寿西南好畤镇）、破大横关（在今陕西永寿西南关头镇）时，"光弼追败之"③。

这里需要交待的是，太原保卫战以及随后数月时间，在叛军上层和官军方面都经历了巨大变化：一月六日，安庆绪弑其父禄山于洛阳；二月，肃宗至凤翔（今陕西凤翔），郭子

①《旧唐书》卷200《史思明传》。

②《册府元龟》卷385《外臣部·褒异一一》。

③《新唐书》卷136《李光弼传》。又同书卷6《肃宗本纪》谓入寇好畤之敌，为光弼弟渭北节度使李光进击败。姑且存疑。

仪拔河东郡（治今山西永济蒲州镇）；八月，回纥援兵至；九月广平王领蕃汉大军收复西京；十月，安庆绪奔河北，保邺郡（治今河南安阳），官军收复东京。由于形势急转直下，朝着有利于官军方向发展，从而加剧了叛军上层的内讧和分化。如安庆绪北逃时，追随者"唯疲卒一千三百而已"，像当初充禄山谋主后又拥立庆绪的严庄都"南来归顺"①。连史思明也"不用庆绪之命"，并酝酿着以河北"十三州之地、十万众之兵降国家"②。

关于史思明欲降朝廷事，因同李光弼多少有些牵连，这里一并叙述之。诸史书对思明欲降事多有记载，现摘录《新唐书·史思明传》于下：

> 李光弼闻其（思明）绝庆绪，使人招之。前此乌承恩已归国，帝遣镌谕之，思明使牙门金如意奉十三郡兵八万籍归于朝，于是高秀岩以河东自归。……然思明外顺命，内实通贼，益募兵。帝知之，以其常事承恩父知义，冀其无嫌，即擢承恩为河北节度副大使，使图思明。承恩至范阳，嬴服夜过诸将，阴谍以谋，诸将返以告思明，疑未有以验。会承恩与〔中使〕思敬奏事还，思明留馆之，帏所寝床，伏二人焉。承恩子入见，因留卧。

①《旧唐书》卷200上《安庆绪传》《史思明传》。
②《旧唐书》卷200上《安庆绪传》《史思明传》。

夜半，语其子曰："吾受命除此逆胡。"二人白思明，乃执承恩，探衣囊得赐阿史那承庆（按，承庆为安庆绪所遣图思明者）铁券及光弼牒，又得薄纸书数番，皆当诛将士姓名，贼大诟曰："我何负于尔，至是邪！"故答曰："此太尉光弼谋，上不知也。"思明召官吏于廷，西向哭曰："臣赤心不负国，何至杀臣？"因榜杀承恩父子及支党二百余人，囚思敬以闻。帝遣使谕曰："事出承恩，非朕与光弼意。"又闻三司议陈希烈等死，思明惧曰："希烈等皆大臣，上皇弃而西，既复位，此等宜见劳，返杀之，况我本从禄山反乎？"

上引有一事不明，既云思明之降为光弼所招①，光弼何又出尔反尔，指示承恩图思明？对此，《通鉴》解释说"李光弼以思明终当叛乱，而承恩为思明所亲信，阴使图之；又劝上以承恩为范阳节度副使，赐阿史那承庆铁券，令共图思明，上从之"②。其实，这样的记载，即便是"《通鉴》功臣"胡三省都不信，他说：

> 乌承恩持铁券入不测之虏，使阿史那承庆之事不成，承恩其能奉铁券以还天子乎！使思明果授首，则宜宥其

---

①《旧唐书·史思明传》称李光弼使衙官敬俛招之。
②《资治通鉴》卷220肃宗乾元元年(758)六月并胡注。

同恶，而先籍其姓名，果能悉诛之乎！余谓李光弼之明
智必不为此。盖思明因承恩言，伪为此牒，抗表以罪状
光弼；又伪为簿书，籍将士姓名以激怒之，使与己同反
而无他志。①

此言是也。按，时阿史那承庆为思明所拘，已无足轻重，即
便光弼图谋思明，亦不会寄希望于承庆。又，乌承恩虽与思
明有旧，并有朝廷特使之名，但终究势单力薄，哪堪承担诛
杀思明及同党之大任。"工于料人"的李光弼是何等样人，怎
会出此下策，将河北的命运系于两个缺乏根基的人的身上！

　　据上，光弼招降思明，或有可能，但筹划杀降，必非其
所为。

　　是年，光弼拜司徒（不久，策勋换司空），兼兵部尚书，
进封魏国公（十二月改封郑国公）。其使相、河东节度、太原
尹、北京留守等职事依旧。

---

①《资治通鉴》卷220肃宗乾元元年(758)六月并胡注。

第九章

相州之战

　　乾元元年（758）八月，肃宗为部署进剿安庆绪事宜，诏李光弼等入朝。次月二十日，命李光弼、郭子仪等九节度讨安庆绪，由是拉开了旷日持久、长达半年的"相州（治今河南安阳）之战"的序幕。官军九节度使为：河东李光弼、朔方郭子仪、关内·泽潞王思礼、淮西鲁炅、兴平李奂、滑濮许叔冀、镇西·北庭李嗣业、郑蔡季广琛、河南崔广远、平卢兵马使董秦。分率步骑总二十余万，向安庆绪所据邺郡（即相州）进发。

　　当初安庆绪北奔时虽只有千余疲卒追随，但至邺郡后，"旬日之内，贼将各以众至者六万余"[①]；并在"枝党离析"之后"犹据七郡六十余城，甲兵资粮丰备"[②]。因而庆绪毫无

---

①《旧唐书》卷200上《安庆绪传》。
②《资治通鉴》卷220肃宗乾元元年（758）九月。

危机之感，"不亲政事，缮治亭沼楼船，为长夜之饮"①。其宰相张通儒、高尚等又钩心斗角争权夺利。其大将蔡希德刚直有才略，"通儒谮而杀之"②，"希德素得士，举军恨叹"③。其天下兵马使、"总中外兵"的崔乾祐，"性愎戾，士卒不附"。④而拥有可以和官军抗衡兵力的史思明，又"不用庆绪之命"，并觊觎着庆绪的皇位。

官军以二十余万众对此腐败不堪之禄山余孽，理应易如摧枯拉朽。然而并不。首先，官军群龙无首，号令不一，"帝以子仪、光弼俱是元勋，难相统属，故不立元帅，唯以中官鱼朝恩为观军容宣慰使"⑤。如此荒唐措置，一开始就注定难以取得大胜。其次，如果史思明参战，或者取代庆绪，就更不知鹿死谁手。

十月十七日，郭子仪等拔卫州（治今河南汲县）。继到的光弼部正赶上参加愁思冈（在今河南安阳西南）会战。是役杀敌三万，生擒一千；"庆绪窘急"，遣使求救于史思明，"且请以位让之"。思明发兵十三万，但观望不进，仅以万人驻于滏阳（即今河北滏阳县城），"遥为庆绪声势"⑥。直至十二月

①《旧唐书》卷200上《安庆绪传》。
②《资治通鉴》卷220肃宗乾元元年(758)九月。
③《新唐书》卷225上《安庆绪传》。
④《旧唐书》卷200上《安庆绪传》。
⑤《旧唐书》卷120《郭子仪传》。
⑥《资治通鉴》卷220肃宗乾元元年(758)十月。

二十九日，始引兵大下，攻陷新附唐朝的魏州（治今河北冀县），杀三万人，又按兵不进。

乾元二年（759）正月一日，史思明筑坛于魏州城北，自称大燕圣王。作为思明克星的李光弼洞悉敌人逗留不进的最终目的，他认为："思明得魏州而按兵不进，此欲使我懈惰，而以精锐掩我不备也。请与朔方军同逼魏城，求与之战，彼惩嘉山之败，必不敢轻出。得旷日引久，则邺城必拔矣。庆绪已死，彼则无辞以用其众也。"这无疑是一种分割敌人并牵制其主力的理想作战方案。但不懂军事的鱼朝恩却以为不可，而惟以督九节度围邺城为务。时官军在城外筑垒穿堑多重，又以漳水灌城，城中井泉皆溢，构栈而居。又，城内断粮，一只老鼠竟值四千钱。城中人欲降者。却碍于水深，不得出。即便这样，安庆绪犹抱希望，"自冬涉春"，"坚守以待史思明"。而围城的官军，因"诸军既无统帅，进退无所禀"，加之"城久不下"，于是"上下解体"[1]。

果如光弼所料，当官军"师老势屈"时，思明乃自魏州引兵趋邺，但又不马上同官军接战，而是使诸将去城五十里扎营。又每营选精骑五百，日于城下抄掠，官军出，辄散归其营。搞得官军人马牛车日有所失，樵采甚艰。且"昼备之则夜至，夜备之则昼至"。致使官军疲惫不堪。此外，思明还

① 《资治通鉴》卷221肃宗乾元二年（759）二月。

派人扰乱和切断官军粮运，"由是诸军乏食，人思自溃"①。思明大概觉得这种"疲敌"战术已将官军折腾得精疲力尽时，遂引军直抵城下，同官军决战。

三月六日，官军步骑六十万布阵于安阳河（即洹水，今河北磁县洹阳河）北，思明亲率精兵五万直前奋击，李光弼、王思礼等与之接战，杀伤相半。殿后的郭子仪军，尚未来得及布阵，突然出现了反常的气象，竟至官军大溃：

> 忽有大风扬沙拔木。军中昼晦，咫尺不相辨。师人惊溃，官军大奔；弃甲仗器械，委积道路。子仪等收兵，断河阳桥，保东京。士庶惊恐，散投山谷。②

值得注意的是，在风云突变时，率先溃逃的是郭子仪军。史称其"战马万匹，惟存三千；甲仗十万，遗弃殆尽"③。与之反衬的是，史思明虽亦"溃而北"，但很快清醒过来，"收整士众，还屯邺城南"。又杀庆绪，称大号。不久，复南下逐鹿中原。发人深思的是，在诸军惊溃，"所过剽掠"时，"惟

①《资治通鉴》卷221肃宗乾元二年(759)二月。
②《册府元龟》卷443《将帅部·败衄三》。但《李光弼碑》则云："[思明]屡绝我粮道，众咸请公（光弼）简精锐以击之。交锋竟日，思明奔北于百里之外。公反旆而归，烟尘亘天。诸将皆以为贼军大至，遂南渡黄河。公至则无见矣，乃归于太原。"何说为是，姑且存疑。
③《资治通鉴》卷221肃宗乾元二年(759)三月。

李光弼、王思礼整勒部伍，全军以归"①。

这次官军惨败，似乎事出偶然。其实不然。胡三省曰："诸军并行，步骑数十万，而不置元帅，号令不一，所以有安阳之败。"②此其一。观军容使鱼朝恩刚愎自用，拒不采用李光弼的作战方案；若"使用光弼之计，安有滏水之溃乎！"③此其二。多数官军素质太差，"使皆如李光弼、王思礼，在乱能整，则其失亡，不至于甚"④。此其三。以上三因，归根结底是由于天子昏庸、措置乖方；肃宗出于对诸将之猜忌，举数十万众弃之于家奴鱼朝恩，"其不亡亦幸哉"⑤！

设若以郭子仪为诸军统帅，结局又该如何？观子仪对其部约束不严，率先南奔，其取胜亦难。

如果朝廷命李光弼节制诸军，战局将大为改观。从其在此役中自始至终的表现，即使不能大胜，但也绝不至于大败遁逃。

事后，朝廷似乎从"滏水之溃"中汲取了教训，"加光弼太尉、兼中书令，代郭子仪为朔方节度使、兵马副元帅，以东师委之"⑥。

----

①《资治通鉴》卷221肃宗乾元二年(759)三月并胡注。

②《资治通鉴》卷220肃宗乾元元年(758)九月并胡注。

③《资治通鉴》卷221肃宗乾元二年(759)正月并胡注。

④《资治通鉴》卷221肃宗乾元二年(759)三月并胡注。

⑤《唐鉴》卷6《肃宗》。

⑥《旧唐书》卷110《李光弼传》，《全唐文》卷42《授李光弼太尉中书令制》。

第十章

治军"朔方"

乾元二年（759）七月，朝廷以李光弼代郭子仪为朔方节度使、兵马元帅。但光弼表示"愿得亲王为之副"，肃宗遂又于当月十七日以赵王李系（肃宗子）为天下兵马元帅，以光弼副之并知诸节度行营事。元帅之任，唐前期"唯王始拜"。玄宗为镇压禄山反叛，先后以高仙芝、哥舒翰等为副元帅，"始臣下为之"[1]。因领元帅一职的亲王只是挂名，故其副职才是真正的元帅。由是可见光弼委任之重。又，元帅地位远在诸节度使之上，并要统领诸镇节度使离开本镇行军作战，故光弼在拜帅的同时并知诸节度行营事和兼领朔方节度使事。

朔方军为中央王牌军。当初太子李亨北走时，正是朔方支度副使杜鸿渐迎驾至灵武郡（朔方镇所在），又正是郭子仪等以"全师赴行在"扈驾，肃宗帝位才得以稳固。后来朝廷又主要是靠它收复了两京。故其在全国诸军中居于最高的地

①《唐会要》卷78《元帅》。

位，因而其军不乏骄兵悍将。加之节帅郭子仪军政不修，军纪涣散的状况更屡见不鲜。所以当军中得知以严于治军闻名的李光弼将取代郭子仪时，"士卒涕泣，遮中使请留子仪"①。

时朔方行营大本营驻扎在东京，光弼轻装简从，仅以河东五百骑夜入其军。光弼刚至朔方节度行营就严饬军纪：

> 始至，号令一施，士卒、壁垒、旌旗、精采皆变。②

是时，驻屯于河阳（治今河南孟州市南）的朔方兵马使张用济等，利用"将士乐子仪之宽，惮光弼之严"的情绪，"与诸将谋以精锐突入东京，逐光弼请子仪"，并命其将士"被甲上马，衔枚以待"。都知兵马使仆固怀恩则表示不同意见："邺城之溃，郭公先去，朝廷责帅，故罢其兵柄。今逐李公而强请之，是反也，其可乎！"右武锋使康元宝亦反对说："君以兵请郭公，朝廷必疑郭公讽君为之，是破其家也。郭公百口何负于君乎！"用济在怀恩等反对下虽未付诸行动，但在光弼召他议事时，竟迁延不至，且发牢骚说："朔方，非叛军也，乘夜而入，何见疑之甚邪！"为严饬军纪，除掉军中祸乱之源，以安定军心，光弼只好拿用济祭刀。于是，在光弼以数千骑东出汜水（县治在今河南荥阳汜水镇）、"用济单骑来谒"

---

①《资治通鉴》卷221肃宗乾元二年(759)七月。
②《资治通鉴》卷221肃宗乾元二年(759)七月。

时，历数其罪而斩之，命部将辛京杲代领其众①。而对其他没有显恶的将领，则优礼有加：

> 仆固怀恩继至，光弼引坐，与语。须臾，阍者曰："蕃、浑五百骑至矣。"光弼变色。怀恩走出，召麾下将，阳责之曰："语汝勿来，何得固违！"光弼曰："士卒随将，亦复何罪！"命给牛酒。

元人胡三省评论这件事说："史言怀恩成备而后见光弼，光弼虽知其情而容忍不发。"诚如是言。正是这种"容忍不发"、区别对待朔方将领，光弼才不动声色地缓和了一触即发的形势和矛盾，并终于使其号令能推行于骄兵悍将如林的朔方军。

是年八月二十九日，天子以李光弼为幽州长史、河北节度等使。这项任命反映了皇上急于收复河北的心情。那么，这时史思明的情况又如何呢？

相州之战中，在官军南溃的同时，思明也"奔北于百里之外"②。当他意外地发现官军溃去时，遂自沙河（县治在今河北沙河县北沙河东）收整其众，复南下屯于邺城（即相州所在，今河南安阳市）之南。时安庆绪因收到郭子仪军南逃所弃军粮六七万石，腰杆一下子又硬了起来，"谋闭门自守"，

①《资治通鉴》卷221肃宗乾元二年(759)七月并胡注。
②《全唐文》卷342《李光弼碑》。

"议更拒思明"。但庆绪党余都不愿得罪思明。庆绪无奈，只好去见思明：

> 思明引入，令三军擐甲执兵待之。及诸弟领至于庭，[庆绪]再拜稽首曰："臣不克负荷，弃失两都，久陷重围，不意大王以太上皇故，将兵远救。"思明曰："弃失两都，用兵不利，亦何事也。尔为人子，杀汝父以求位，庸非大逆乎？吾为太上皇讨贼。"即牵出，并其四弟及高尚、孙孝哲、崔乾祐，皆缢杀之。①

禄山父子"僭逆"三年，至是而灭。思明在救相州，杀庆绪，并其众之后，本来打算挥师西进，但又考虑到其"根本未固"，遂留长子朝义守相州，自己则引师北还，筹备登基称帝事宜。

乾元二年（759）四月，史思明以大燕为国号，自称大燕皇帝，改元顺天，号范阳为燕京，洛阳为周京，长安为秦京，并以妻室为皇后，设置将相百官，还欲郊祀藉田，俨然开国君主太平天子。于是，思明不再有"根本未固"之虞，遂以子朝清留守幽州，使阿史那玉等辅之，亲自率大军出濮阳（郡治在今山东鄄城县北），且以大将令狐璋将兵五千自黎阳（今河南浚县东北）渡河取滑州，命史朝义自白皋津、伪相周

---

① 《旧唐书》卷200上《安庆绪传》。

赟自胡良津（二津在今河南滑县东北古黄河上）渡河与另两支南下大军共会于汴州（治今河南开封市）①。

在思明部署其四路大军南渡时，正值李光弼在黄河岸上视察官军营垒，一听到思明渡河消息，立即返入汴州，对汴滑节度使许叔冀说："大夫能守汴州十五日，我则将兵来救。"然而，叔冀岂是思明对手；在光弼回归东京途中，叔冀与思明接战失利，遂同濮州刺史董秦及其将梁浦等降于思明。时在乾元二年（759）九月二十四日。

在拿下汴州后，史思明即乘胜鼓行西进。如何对付来势汹汹的敌人，光弼与东京留守等意见相左：

> ［光弼］谓留守韦陟曰："贼乘邺下之胜遂犯王畿，难与争锋。洛城无粮，又不可守，公计若何？"陟曰："加兵陕州，退守潼关，据险以待之，亦足以自固。"光弼曰："此盖兵家常势，非用奇之策也。夫两军相寇，贵进尺寸之间耳。今委五百里而不顾，是张贼势也。若移军河阳，北阻泽潞、三城以抗，胜即擒之，败则自守，表里相应，使贼不敢西侵，此则援（猿）臂之势也。夫辩朝廷之礼，光弼不如公；论军旅之事，公不如光弼。"陟无以应。光弼遂移牒留守及官吏，悉从回避。令军士

---

① 《新唐书》卷225上《史思明传》，并见《资治通鉴》卷221肃宗乾元二年（759）九月。

运油铁等，以为战守之备。思明至偃师，光弼悉令将士赴河阳。判官韦损曰："东京帝宅，侍中何不守之？"光弼曰："若守东京，汜水、崿岭、伊阙各须人，子为兵马判官，令判官分守，得否？"①

于是，依据光弼的策划，韦陟率东京官属西入潼关，河南尹李若幽率吏民出城躲避，将士则转运军资至河阳，而光弼本人，则率五百骑兵殿后。时思明前锋已至石桥（在今河南洛阳市东北），诸将请示是否避开敌人，光弼断然回答："当石桥而进。"及日暮，光弼秉炬徐行。敌兵尾随在后，但以光弼部严整，不敢轻举妄动。光弼夜至河阳，"有兵二万，粮才支十日"。

九月二十七日，思明入洛阳，"城空，无所得，畏光弼掎其后，不敢入宫，退屯白马寺南，筑月城于河阳南以拒光弼"②。

战争的目的，旨在保护自己，消灭敌人。工于守城的光弼，之所以弃守洛阳而移军河阳，其根本原因在于要牵制敌军，并寻找机会以消灭敌人，从而使敌人的西进图谋不能得逞，以保证京师长安的安全。值得称道的是，大敌当前，光弼泰然处之，在组织军民战略转移中，有条不紊，指挥若定。

---

① 《册府元龟》卷366《将帅部·机略六》。
② 《资治通鉴》卷221肃宗乾元二年（759）九月。

这在古代中国战争史上，是一种极为罕见的现象。所有这些，预示着即将爆发的河阳之战将是光弼军事生涯中又一光辉经历。

第十一章
河阳之战

　　乾元二年（759）十月四日，史思明统军至河阳城下，他指名要见光弼，光弼遂于城上谓思明曰："我三代无葬地，一身必以死国家之患。尔为逆虏，我为王臣，义不两全；我若不死于汝手，汝必死于我手。"[1]光弼以决死之志，誓与敌人血战到底。诸将士为其浩然正气所感染，更是"无不激励"，与其主帅共同创造了平叛战争以来最光辉的战例。

　　独胆英雄白孝德　史思明引兵攻河阳，使骁将刘龙仙到城下挑战。龙仙傲气十足，举右脚于马鬃之上，肆意谩骂光弼。光弼登城环顾诸将，问："孰能取是贼？"朔方副节度使仆固怀恩请行。光弼认为此非大将所宜。左右推荐裨将白孝德可往。光弼召问孝德打算带多少兵应战。回答说："请挺身取之。"光弼壮其志，固问所须兵数。对曰："愿选五十骑出垒门为后继，兼请大军助鼓噪以增气。"光弼抚其背而遣之。

　　--------
　　①《全唐文》卷342《李光弼碑》。

孝德挟二矛，策马过河，尚未到达对岸时，怀恩就向光弼祝贺："克矣。"光弼问："锋未交，何以知之？"怀恩解释："观其揽辔安闲，知其万全。"龙仙见孝德一个人过来，觉得太容易对付，就懒得移动，及至将到其跟前，才作迎战准备。孝德向他摇手表示，似乎此来不是为了交锋。龙仙感到莫名其妙，遂停止前进。两人相距十步之远时，孝德发话："侍中（按，光弼）使致辞，无它。"并在息马良久后突然怒目而视曰："贼识我乎？"龙仙问他是谁，对曰："我，白孝德也。"龙仙大骂："是何狗彘！"于是：

> 孝德发声虓然，执矛突前。城上鼓噪，五十骑亦继进。龙仙矢不及发，还走堤上。孝德逐之，遂斩首，提之而归，贼徒大震。①

白孝德，安西胡人，当出身于龟兹王室。传称"骁悍有胆力"，"事李光弼为偏裨"。一个本来低微的小军官，因河阳之战表现勇敢而声名大震。其后累积战功至安西北庭行营节度、鄜坊邠宁节度使，历检校刑部尚书，封昌化郡王②。不过，像白孝德这样的骁将，在光弼的部将中，犹如车载斗量，于河阳保卫战中，也多有事迹可寻。

---

①《册府元龟》卷396《将帅部·勇敢三》。
②《旧唐书》卷109《白孝德传》、《新唐书》卷136《李光弼传》附《白孝德传》。

出奇制胜李抱玉　本姓安，昭武九姓安国胡裔，曾祖安兴贵，唐初功臣。禄山反，因耻与叛逆同姓，遂被赐李姓，并改籍贯凉州（武威）为京兆府长安县。乾元初，"李光弼引为偏裨"，"由是知名"，并拜郑、陈、颍、亳四州节度使。在守河阳三城①时，抱玉独当一面，"功居第一"：

> 光弼守河阳，贼兵锋方盛，光弼谓抱玉曰："将军能为我守南城二日乎？"抱玉曰："过期若何？"光弼曰："过期而救不至，任弃城也。"贼帅周挚领安太清、徐黄玉等先次南城，将陷之，抱玉乃绐之曰："吾粮尽，明日当降。"贼众大喜，敛军以俟之。抱玉因得缮完设备，明日，坚壁请战。贼怒欺绐，急攻之。抱玉出奇兵，表里夹攻，杀伤甚众，挚军退。光弼自将于中潬城，挚舍南城攻中潬，不胜，乃整军将攻北城。光弼以兵出战，大败之。②

后来抱玉在代宗时，"兼三节度、三副元帅，位望隆赫"③。

随机应变荔非元礼　出身羌族，起自裨将。累兼御史中

---

①唐河阳县境北中城（在今河南孟县西南黄河北岸）、中潬城（在北中城南黄河中沙洲上）、南城（在中潬城黄河南岸）的总称。

②《旧唐书》卷132《李抱玉传》。

③《新唐书》卷138《李抱玉传》。

丞。十月十二日，周贽攻南城大败，又并力转攻中潭城。光弼命荔非元礼出劲卒于羊马城①以拒敌：

> 贼恃其众，直进逼城，以车载攻具自随，督众填堑，三面各八道以过兵，又开栅为门。光弼望贼逼城，使问元礼曰："中丞视贼填堑开栅过兵，晏然不动，何也？"元礼曰："司空欲守乎，战乎？"光弼曰："欲战。"元礼曰："欲战，则贼为吾填堑，何为禁之？"光弼曰："善，吾所不及，勉之！"元礼俟栅开，帅敢死士突出击贼，却走数百步。元礼度贼陈坚，未易摧陷，乃复引退，须其急而击之。光弼望元礼退，怒，遣左右召，欲斩之。元礼曰："战正急，召何为？"乃退入栅中。贼亦不敢逼。良久，鼓噪出栅门，奋击，破之。②

元礼以功累迁骠骑大将军、怀州刺史，知镇西、北庭行营节度使③。

攻坚摧锐郝廷玉　骁勇善格斗，为光弼爱将。周贽在攻河阳南城、中潭城两次败阵后，复收兵趣北城。光弼召诸将询问："向来贼阵，何方最坚？"答曰："西北隅。"于是光弼命郝廷玉当之，并以精骑三百授之：

①城外别筑短垣，高才及肩，谓之羊马城。
②《资治通鉴》卷221肃宗乾元二年(759)十月。
③《新唐书》卷136《李光弼传》附《荔非元礼传》。

光弼法令严峻，是日战不利而还者，不解甲斩之。廷玉奋命先登，流矢雨集，马伤不能军而退。光弼登堞见之，骇然曰："廷玉奔还，吾事败矣！"促令左右取廷玉首来。廷玉见使者曰："马中毒箭，非败也。"光弼命易马而复，径骑冲贼阵，驰突数四，俄而贼党大败于河壖，廷玉擒贼将徐黄而还。由是贼解中潬之围，信宿走去。①

苦战破敌论惟贞　从光弼守河阳北城的还有吐蕃人论惟贞。惟贞的来历，很不寻常：高祖禄（论）东赞，为吐蕃大相，贞观中曾入朝为松赞干布请尚文成公主；曾祖论钦陵，继为大相，与诸兄弟"皆有才略，诸蕃惮之"②；祖论弓仁，圣历二年（699），以所统吐谷浑七千帐降于武周政权，官至大将军，封拔川郡王③；父论诚节，右金吾卫大将军、武威郡王④；惟贞与兄弟怀义、惟贤等扈从肃宗自灵武还凤翔，又从太子为元帅前锋讨击使，收复两京⑤。相州之战后隶于光弼为部将。光弼既遣郝廷玉守河阳北城西北隅，又以"次坚"之

①《册府元龟》卷396《将帅部·勇敢三》。
②《旧唐书》卷196上《吐蕃传上》。
③《全唐文》卷227张说《拔川郡王碑》。
④《全唐文》卷479吕元膺《论惟贤碑》。
⑤《全唐文》卷479吕元膺《论惟贤碑》。

东南隅命论惟贞防守：

> 惟贞请锐卒数千（百），凿数门出，自旦及午，苦战破之。光弼表为开府仪同三司。[①]

后来，论惟贞长期追随光弼，所至立功，官擢右领军卫大将军、英武军节度使。

其他蕃汉将领，诸如铁勒人仆固怀恩父子、昭武九姓胡人李国臣、突厥人白元光、光弼先锋侯仲庄等，于河阳之战中，都立有殊功[②]。

至于光弼本人，于此战中表现尤为超乎寻常，他以兵少（仅二万人）、粮匮（仅能支度十日）要抗击叛军数十万（仅周贽所统就有二十万人）[③]，这得有多么大的胆识，下多么大的决心！他认为“战者危事，胜负难必”，因此，“每临阵，尝贮伏突（按，即短刀）于靴中”，万一作战不利，即自刎以殉国，“义不受辱”[④]。所以，他不仅“号令严明”，且“与士卒同甘苦”，故上下一心，“咸誓力战”[⑤]。但另一方面，他还深知，在敌我实力悬若天壤的形势下，仅靠拼死，并不能最终解决问题。因而他特别注意“谋后而战”，“用奇之策”，即

---

① 《新唐书》卷110《论弓仁传》附《论惟贞传》。
② 《新唐书》卷136《李光弼传》附传。
③ 《新唐书》卷110《论弓仁传》附《论惟贞传》。
④ 《全唐文》卷342《李光弼碑》。
⑤ 《旧唐书》卷110《李光弼传》。

以智胜敌，以最小的牺牲，赢得河阳保卫战的最后胜利。他主动撤出东京而不守、移军河阳的举措，就是以"猿臂之势"，"使贼不敢西侵"的"奇策"之妙用。在战事进行中，光弼的"用奇之策"以制敌的生动事例就更为常见。举例如下：

一曰用牝马诱敌牡马：

> 思明有良马千余匹，每日出于河南渚浴之，循环不休以示多。光弼命索军中牝马，得五百匹，絷其驹于城内。俟思明马至水际，尽出之，马嘶不已，思明马悉浮渡河，一时驱之入城。①

有人说，"牡马慕牝，一时渡河，此小术耳"②。然而此"小术"竟如此奇离古怪，如是妙不可言，舍光弼又有谁能出此奇策！按，思明所统，多为胡人，而胡兵善长骑射，把战马看得比什么都重要。所以，思明经此意外损失，怒不可遏，遂亦决定用计谋取胜。

二曰破思明火攻之计：

> 思明怒，列战船数百艘，泛火船于前而随之，欲乘

---

① 《资治通鉴》卷221肃宗乾元二年(759)十月并胡注。
② 《资治通鉴》卷221肃宗乾元二年(759)十月并胡注。

流烧浮桥。光弼先贮百尺长竿数百枚，以巨木承其根，毡裹铁叉置其首，以迎火船而叉之。船不得进，须臾自焚尽。又以叉拒战船，于桥上发炮石击之。中者皆沉没，贼不胜而去。①

"知己知彼，百战不殆。"设若光弼未能料到敌人要用火攻之计，又何能先预贮数百条百尺长竿！光弼料敌如神，由是可窥一斑。

三曰智降敌将。如前述光弼擅长以弱势兵力守城，但很少指挥弱兵野战。这一点深为敌酋思明所深知。因此，思明在攻城屡败后，就改变战术，将军队开拔到河清县（县治在今河南孟县西南，南临黄河），"欲绝光弼粮道"，以诱光弼出战。光弼则将计就计，军于野水渡（又称野戍渡，在今河南济源、孟津之间的黄河北岸）以备之。当白天他在野水渡亮相后，复于夜晚返回河阳。临走前，留兵千人，使部将雍希颢驻守于此，并对希颢说：

> 贼将高［庭］晖（晖）、李日越、喻文景，皆万人敌也，思明必使一人劫我。我且去之，子领卒待贼于此。［贼］至，勿与战，降，则俱来。②

①《资治通鉴》卷221肃宗乾元二年(759)十月并胡注。
②《太平广记》卷189《李光弼》。

众部将均莫名其妙，无不偷着发笑，以为主帅是在说梦话。
既而思明果然对李日越说：

> 李光弼长于凭城，今出在野，此成擒矣，汝以铁骑
> 宵济，为我取之，不得，则勿返。①

于是：

> 日越引骑五百，晨压颢军。颢阻濠休卒，吟啸相视。
> 日越怪之，问曰："太尉（谓光弼）在乎？"曰："夜去
> 矣。""兵几何？"曰："千人。""将谓谁？"曰："雍颢
> 也。"日越沉吟久，谓其下曰："我受命必得李君，今获
> 颢，不塞此望，必见害，不如降之。"遂请降，颢与之俱
> 至。②

李日越既降，"光弼厚待之，任以心腹。高庭晖闻之，亦降"。
对此，很多人难于理解，有问光弼者："降二将何易也？"光
弼解释说：

---

① 《资治通鉴》卷221肃宗乾元二年（759）十月。
② 《太平广记》卷189《李光弼》。

此人情耳。思明常恨不得野战，闻我在外，以为必可取。日越不获我，势不敢归。庭晖才勇过于日越，闻日越被宠任，必思夺之矣。①

按，这两名降将，虽"皆万人敌"，但在思明军中，他们的职位并不高，像高庭晖降前只是个五六品的果毅都尉，及至降后，数日内即为光弼奏擢三品右武卫大将军。光弼以高官厚禄诱之，故迅即来降。但在光弼之后，庭晖旧态复萌，于泾州刺史任上降于吐蕃，被李日越诛杀于潼关。②此是后话。

以上数事，奇哉，妙哉，"工于料人"的光弼，颇有点诸葛再世的味道。当是时，形势极度险恶，"贼将周贽悉河北之众，萃于河阳城北"，而史思明则"以河南之众，顿于河阳南城之南"，官军则处于被"南北夹攻，表里受敌"的境地③。若不是李光弼"设奇分锐"，这场战事是注定要输于对方的。

河阳之战，战果辉煌：先于中潬城西，"大破逆党五千余众，斩首千余级，生擒五百余人，溺死者大半"；继在北城外，"斩万余级，生擒八千余人，车资器械粮储数万计"④；终至攻南城的思明遁走，吓得他"心悸气索，烟火不举者三

①《资治通鉴》卷221肃宗乾元二年(759)十月。
②《新唐书》卷216上《吐蕃传上》。
③《全唐文》卷342《李光弼碑》。
④《旧唐书》卷110《李光弼传》。

日"①。

因此役官军大获全胜，在"官军大振"的形势下，光弼转守为局部反攻，遂挥师北上，进围怀州（治今河南沁阳县）。乾元三年（760）二月十一日，光弼与救援怀州的思明大战于沁水之上，"破之，斩首三千余级"②。三、四月，又在怀州城下和河阳西渚两次重创敌军，迫使思明龟缩东京。随后，光弼攻围怀州百余日，终以"地道"战破敌城池，是战"生擒伪刺史安太清及军将杨希文，送阙下"，并"斩贼六七千"③。

乾元三年（760）正月一日，光弼进位太尉兼中书令。

---

①《全唐文》卷342《李光弼碑》。

②《资治通鉴》卷221肃宗上元元年(760)二月。

③《册府元龟》卷366《将帅部·机略六》。

第十二章

邙山之败

胜败乃兵家常事。但从文献记载看，不论是早期的军事活动，抑是截至河阳城守以前的平叛征讨，光弼还没有过战败的记录。然而，上元二年（761）二月二十三日的北邙山（即邙山，在今河南洛阳市北）之战，却损兵失地，大败北走。这究竟是怎么一回事？

原来自东京再次失守后，天子一直焦躁不安，乃至欲下制亲征史思明，并一度打算命郭子仪总兵向范阳，使李、郭呈夹攻之势以收复被思明盘据的洛阳。及至河阳大捷和攻拔怀州，更使朝廷觉得进克东都在旦夕之间。滑稽的是，史思明同朝廷一样，亦急于求战。原因是思明所统，胡兵居多，游牧兵种长于野战，拙于守城，所以他要以己之所长对付官军所短，则非野战不可。加之"贼锋尚锐"[1]，所以就潜遣人

---

①《资治通鉴》卷222肃宗上元二年（761）二月。

反说官军曰:"洛中将士,皆幽、朔人,咸思归。"①于是官军亦有人认为:"洛中将士皆燕人,久戍思归,上下离心,击之,可破也。"②而陕州观军容使鱼朝恩因邀功心切,不但"以为信然",且"屡言于上",由是肃宗"敕李光弼等进取东京"③。

当朝廷为思明的奸计所惑时,独有光弼头脑清醒。光弼奏称:"贼锋尚锐,未可轻进。"④时光弼所统,只有五万兵,而思明虽屡被重创,但仍有数十万士卒,所以光弼是从官军与叛军实力进行分析,才作出"未可轻进"的判断的。但此时已授朔方节度使的仆固怀恩,出于不可告人的目的,极力附和朝恩:

> [李光弼]既平怀州,朝旨欲速收东都城。光弼屡抗表请候时而动,不可轻进。仆固怀恩贰于光弼,乃潜上言曰:"贼可讨。"诏遂从怀恩言。⑤

怀恩为什么与光弼意见相左? 其本传称:

---

① 《旧唐书》卷200上《史思明传》。
② 《资治通鉴》卷222肃宗上元二年(761)二月。
③ 《资治通鉴》卷222肃宗上元二年(761)二月。
④ 《资治通鉴》卷222肃宗上元二年(761)二月。
⑤ 《册府元龟》卷456《将帅部·不和》。

郭子仪为帅，以宽厚容众，素重怀恩，其麾下皆朔方蕃汉劲卒，恃功怙将，多为不法，子仪每事优容之，行师用兵，倚以辑事。而光弼持法严肃，法不贷下，怀恩心惮而颇不叶。①

且怀恩野心很大，早就想取光弼而代之，所以胡三省直言"仆固怀恩欲覆李光弼之军以便其私"②。

由于朝廷相继遣派中使"督光弼使出师"，"光弼不得已"，遂命郑陈节度使李抱玉守河阳，与怀恩率兵会合鱼朝恩及神策军节度使卫伯玉攻洛阳。

在如何布阵的问题上，仆固怀恩又跳出来同李光弼捣蛋，光弼命依邙山之险部署官军，怀恩却阵于平原。光弼批评说，"依险则可以进，可以退；若平原，战而不利则尽矣。思明不可忽也"。命令他移阵险处③。怀恩非但不从，还振振有辞说：

我用骑，今迫险，非便地，请阵诸原。④

更糟糕的是，怀恩部伍军纪不整，大敌当前，竟争抢剽获，致中敌人埋伏：

①《旧唐书》卷121《仆固怀恩传》。
②《资治通鉴》卷222肃宗上元二年（761）二月并胡注。
③《资治通鉴》卷222肃宗上元二年（761）二月并胡注。
④《新唐书》卷136《李光弼传》。

　　贼据高原，以长戟七百，壮士执刀随之，委物伪遁。
怀恩军争剽获，伏兵发，官军大溃。[①]

《旧唐书·史思明传》亦称：

　　[怀恩等军] 次榆林。贼委物伪遁，将士等不复设
　　备，皆入城虏掠。贼伏兵在北邙山下，因大下，士卒咸
　　弃甲奔散。……步兵散死者数千人，军资器械尽为贼所
　　有，河阳、怀州尽陷于贼。

　　据上可知，北邙山官军"大溃"的原因，一是朝廷求战
心切，致决策错误；二是仆固怀恩不用光弼之令，且军纪败
坏，"以覆王师"。

　　史称"怀恩心惮光弼，自 [张] 用济诛，常邑邑不
乐"[②]。既然畏惧光弼，又为什么这时敢于抗令不遵？原因在
于此际的怀恩已今非昔比。当初守河阳时，他只是朔方行营
的节度副使兼兵马使。及至河阳大捷后怀恩进封大宁郡王、
朔方行营节度使。也就是说这时的光弼不再兼朔方行营节度，
只保留不亲自领兵的光杆元帅的头衔。加之怀恩新与鱼朝恩

　　①《新唐书》卷 136《李光弼传》。
　　②《新唐书》卷 224 上《仆固怀恩传》。

勾结并有强大的回纥为其后盾（按，怀恩为朝廷同回纥可汗的联系纽带），所以就有恃无恐。故其与李光弼分庭抗礼，应自拜朔方行营节度之初就已见端倪：

> 光弼守河阳，攻怀州，降安太清。……太清妻有色，瑒（怀恩子）劫致于幕，光弼命归之，不听，以卒环守。复驰骑趋之，射杀七人，夺妻还太清。怀恩怒曰："公乃为贼杀官卒也？"光弼持法严，少假贷。①

光弼治军是何等严厉，怀恩竟敢纵子行恶，乃至当面顶撞光弼。可见其代光弼为朔方节度之初，就已不把光弼放在眼里。而邙山之战中公开同光弼对着干，正是与光弼矛盾的恶性发展。

邙山之败虽然过不在光弼，但身为主帅的光弼还是全部承担了责任，在战事一结束即上表"引过请罪，恳让太尉"②。但"帝以怀恩违令覆军，优诏召光弼入朝"③。更拜开府仪同三司、中书令、河中尹、晋绛等州节度使。两月后，有人以"徐方许蔡当天下之咽喉，控江淮之转输，表请名将匪忠勿居"④，于是诏复以光弼为河南副元帅、太尉兼侍中，

①《新唐书》卷224《仆固怀恩传》。
②《全唐文》卷342《李光弼碑》。
③《新唐书》卷136《李光弼传》。
④周绍良《唐代墓志汇编》贞元〇七〇。

都统河南、淮南东·西、山南东、荆南、江南西、浙江东·西八道行营节度，出镇临淮（郡治在今江苏盱眙西北淮水西岸）。从光弼被移镇东徙，虽不能说自是朝廷不再信任光弼，但天子对光弼的期望和热情显然有所冷却。

同光弼所受到的不公平待遇相反，朝廷对违令覆军的怀恩却恩宠日隆。在邙山大败之后，肃宗非但不对其治罪，反"以怀恩功高，恩顾特异诸将"；不久，即加官工部尚书，"敕李辅国及常参官送上，太官造食以宠之"。代宗登基后，又拜陇右节度，寻改朔方行营节度，更因怀恩之女已为回纥可汗可敦，为借助回纥平叛，又命怀恩取代郭子仪为河北副元帅[1]。至是，怀恩权势已在李、郭之上，其当初倾覆光弼的目的已完全达到。

---

①《旧唐书》卷121《仆固怀恩传》。

第十三章
徙镇临淮

官军邙山大溃的次月，即思明"欲乘胜西入关"时，思明长子朝义弑父自立。史朝义"乘邙山之捷，围逼申、安等一十三州，自领精骑，围李岑于宋州"①，朝义矛头所指，正是光弼徙镇后所领之部分地区。即是说，即便在光弼受到重挫之后，敌人仍以他为头号对手。

对史朝义的公然挑衅，光弼的将吏皆深惧不安，"议南保扬州"。李光弼力排南走的众议，并认为："临淮城池卑陋，不堪镇遏，不如径赴彭城，俟其东寇，蹑而追之，贼可擒也。"遂趋徐州（治今江苏徐州市）②。

早在光弼徙镇临淮的途中，就曾顺道攻拔许州（治今河南许昌市），"擒史朝义所署颍川太守李春"；朝义将史参救

---

①《全唐文》卷342《李光弼碑》。
②《全唐文》卷342《李光弼碑》。

之，光弼复与之战于许州城下，"又破之"①。时在宝应元年
（762）正月二十四日、二十六日。及至五月到达徐州，又立
即调兵遣将部署救援宋州（治今河南商丘市）事宜。时兖郓
节度使田神功听命在徐州，"因召田神功宴慰，与同寝宿，以
宋州之难告"。并分自己的亲兵隶于神功部将乔岫，使与兵马
使郝廷玉以犄角之势讨击围宋州的史朝义，"贼遂一战而
走"②。宋州之围既解，神功等又破敌"法子营"，降敌将敬
钉。"朝义闻，乃奔下博"③。应当指出的是，在光弼立足未
稳的时候就取得如此战果，这是很不容易的事，史称该地区
在光弼徙镇之前形势一派混乱：

> 时田神功平刘展后，逗留于扬府，尚衡、殷仲卿相
> 攻于兖郓，来瑱旅居于襄阳，朝廷患之。④

可是光弼一到，情形为之一变：

> 及光弼轻骑至徐州，史朝义退走，田神功遽归河南，
> 尚衡、殷仲卿、来瑱皆惧其威名，相继赴阙。⑤

①《资治通鉴》卷222肃宗宝应元年（762）建寅月（正月）。
②《全唐文》卷342《李光弼碑》。
③《新唐书》卷144《田神功传》。
④《册府元龟》卷393《将帅部·威名二》。
⑤《册府元龟》卷393《将帅部·威名二》。

在这些不怕朝廷却"惮"光弼"威名"的人中，田神功最具代表性。神功初从禄山造反，伪署平卢兵马使。继又降唐，守陈留郡（即汴州，治今河南开封市），与节度使许叔冀降于思明。思明使略江淮，复又降唐。不久，从淮南东道节度使邓景山讨刘展①，遂留扬州不返，且大肆搜刮民财：

> 大掠百姓商人资产，郡内比屋发掘略遍，商胡波斯被杀者数千人。②

像这样反复无常且不惧王法的角色，一听到光弼到来，竟立即收敛，并听命调遣，解围宋州，前后判若两人。更有意思的是，行伍出身的神功，向来不知礼义，因光弼熏陶，竟一变而谦谦循礼若君子：

> 田神功自平卢兵使授淄青节度，旧官皆偏裨神时部曲，神功平受其拜。及此前使判官刘位已下数人，并留在院，神功待之亦无降礼。后因围宋州，见李光弼与敕使打球，闻判官张俊至，光弼答拜。神功大惊，归幕呼刘位问之曰："太尉今日见张郎中来，与之答拜，是何礼也？"位

---

①刘展反前为都统淮南东、江南西、浙西三道节度使。
②《旧唐书》卷124《田神功传》。

曰："判官幕客，使主无受拜之礼。"神功曰："公何不早
说？"遂令屈诸判官谢之曰："神功武将，起自行伍，不
知朝廷礼数，误受判官等拜。判官又不言，成神功之过，
今还诸公拜。"遂一一拜之。①

按：幕者，宾也；光弼礼遇其幕府中判官张傪，以师友
待之，当时俗如此。而神功效而法之，闻过即改，当然值得
称赞。对此，胡三省感叹说："史言武夫悍将可以礼化，居其
上者当以身作则。"②

此后，光弼在其防区和境外，主要有两次大的军事活动：
一曰镇压袁晁所领导的农民起义，二曰派兵参预对史朝义的
最后诛讨。

安史之乱爆发后，中原沦陷，国家财赋转嫁于东南地区。
宝应元年（762），租庸使元载以江淮虽经兵荒，其民比诸道
犹有资产，于是"按籍举八年租调之违负及逋逃者，计其大
数而征之"。然而，又不问是否拖欠租调，亦不管纳税户资产
多少，只要访查到百姓家有粟帛，就"发徒围之"，"籍其所
有而中分之，甚者什取八九"。这种强取豪夺、竭泽而渔，
"谓之白著"。你不服气嘛，则"严刑以威之。"③时值江淮
浙东地区大饥，至有人相食者，但官吏督课依旧。"里胥"出

---

① 《唐语林》卷4《自新》。
② 《资治通鉴》卷222肃宗宝应元年(762)五月胡注。
③ 《资治通鉴》卷222肃宗宝应元年(762)建寅月(正月)。

身的袁晁，因不堪乡亲之困窘，遂于是年八月领导台州（治今浙江临海市）农民起义，并很快攻下浙东诸州，建立农民军政权，改元"宝胜"；"民疲于赋敛者多归之"①，"积众二十万，尽有浙江之地"②。时光弼兵少，监军使"请保润州以避其锋"。光弼则以平"贼"为己任，反对说："朝廷寄安危于我，今贼虽强，未测吾众寡。若出其不意，当自退矣。"③且亲至前线坐镇指挥作战④。

受光弼节度参预镇压袁晁起义的将领很多，最有名者为张伯仪、柏良器等部将：

> 张伯仪，魏州人，以战功隶光弼军。浙贼袁晁反，使伯仪讨平之，功第一，擢睦州刺史。

> 柏良器字公亮，魏州人。……父友王昇为光弼从事，

---

①《资治通鉴》卷222肃宗宝应元年(762)七月。

②《旧唐书》卷152《王栖曜传》。

③《旧唐书》卷110《李光弼传》。按，《旧书》本传误将光弼、监军使对话置于"光弼将赴临淮"条下，而袁晁起义发生于光弼徙镇一年之后。只有将对话时间推后，才可与史实相符合。

④光弼既以"保润州以避其锋"为耻，则不可能如《旧书》本传所云"遂径往泗州"。按，泗州远离前线，光弼似应亲至润州(治今江苏镇江市)以远的前线坐镇指挥作战。又据《嘉定赤城志》：在天台县(即今浙江天台县)北有"李相公庙"，为纪念李光弼于此讨袁晁，可证光弼曾亲临前线作战。

见之曰:"尔额文似临淮王,面黑子似颜平原,殆能立
功。"乃荐之光弼。授兵平山越,迁左武卫中郎将。以部
兵隶浙西,豫平袁晁、方清。其后潘狞虎、胡参分据小
伤、蒸里,又击破之。[1]

此外,如浙东节度使王玙、洪州观察使张镐、御史中丞
袁傪等都曾在光弼督战下参预镇压袁晁起义。战事长达八个
多月,直至宝应二年(763)四月,李光弼才上奏朝廷说"生
擒袁晁,浙东州县尽平"。[2]

按,当时光弼防区的百姓如处水深火热之中,他虽然不
负治民责任,不能解百姓于倒悬,但对反暴政揭竿而起的群
众予以血腥镇压,其行为无论如何是不能恭维的。

光弼另一项重大军事活动是参预对史朝义的最后征讨。

史朝义自久围宋州不下且被光弼击走后,已是日薄西山
朝不保夕。宝应元年(762)四月,肃宗驾崩,锐意平叛的代
宗,一即位便大封功臣,光弼因是进封临淮王,且以李、郭
等并号"宝应功臣"。是年九月,又派仆固怀恩见回纥登里可
汗,在得到登里的"助国讨朝义"的保证后,即于十月诏仆
固怀恩和回纥等自渑池(县治在今河南渑池县)东讨、潞泽
节度使李抱玉自河阳南下、河南副元帅李光弼自陈留(县治

---

① 《新唐书》卷136《李光弼传》附《张伯仪传》《柏良器传》。
② 《旧唐书》卷11《代宗纪》。

即今河南开封市东南陈留城）西进。是月三十日，官军于横水城（在今河南孟津县西北），大破叛军数万众，复于昭觉寺（在今孟津县西南）等地歼敌精锐十万人。朝义仅以轻骑数百落荒东逃汴州。此处正是光弼军西进必经之地，伪署节度张献诚与光弼约降在先，故闭门拒之。朝义又自濮州北渡黄河与伪睢阳节度田承嗣等合兵拒战，再败后，又走贝州（治今河北清河县西北）、莫州（治今河北任丘北鄚州）。时，光弼所遣郝廷玉、田神功等军已至下博（县治在今河北深州市东南）同仆固怀恩等军会合，遂进围朝义于莫州。因叛军数战数败，田承嗣说朝义亲往幽州发兵。当朝义突围而走后，承嗣即降于官军。时伪署范阳节度使李怀仙已降朝廷，朝义至，不得入，遂自缢而死，怀仙取其首级献于朝廷。此前，河北其他诸州亦相继归降①。至是，长达八年的安史之乱宣告结束。

这里应当说明的是，官军大举讨伐史朝义时也正是光弼同袁晁鏖战正急时，既然光弼亲至浙东前线，则横水等战役和渡河北追穷寇等军事行动，他不可能亲自参加。但有一点可以肯定，他至少曾遣派数支军队（如郝廷玉、田神功等部）参加了对史朝义的最后一战。

还要指出的是，自邙山之败后，光弼已退居为军事舞台

---

① 《资治通鉴》222 肃宗宝应元年(762)十月至代宗广德元年(763)正月。

上的次要角色。因此文献中关于他的活动的记载极少且语焉
不详。我们还可以想象得出他在政治上遭受打击之后，一定
是情绪低落，心灰意懒。这从他到徐州后将诸多庶务全交于
慕僚张傪可知：

> 李太尉光弼镇徐，北拒贼冲急，总诸道兵马，征讨
> 之务，皆自处置。仓储府库，军州差补，一切并委判官
> 张任傪。傪明练庶务，应接如流。欲见太尉论事，太尉辄
> 令判官商量。将帅见傪，礼数如见太尉。由是上下清肃，
> 东方晏然，天下皆谓太尉能任人。①

虽然光弼不再有锐意进取精神，也懒得过问某些军中事
务，但任用得人，反成就了光弼知人善任的美名。

广德元年（763）七月，光弼加实封三百户，通前后凡二
千户，赐铁券，名藏太庙，图形于凌烟阁②。

---

①《唐语林》卷 5《补遗》。
②《全唐文》卷 342《李光弼碑》。

第十四章
系心"圣朝"

史称，广德元年（763），吐蕃入寇京师，代宗诏征天下兵，光弼迁延不至。吐蕃退，乃除光弼东都留守，以察其去就。光弼则归徐州，欲收江淮租赋以自给。由之田神功等皆不禀命，因愧耻成疾，遂于二年七月薨于徐州。以上是说光弼晚节有亏，令名不全，不足为训。然而，真相究竟如何？

光弼临终前，曾遣衙将孙珍奉遗表自陈，表曰：

　　臣自去月十七日旧疾发动，有加无瘳。至今月五日，臣自量气力，恐至不起，谨忍死口占，陈露上闻。臣受国重任，荷国厚恩，自陛下临御以来，方隅多故。加以疾病，不任扶持，竟未获趋拜阙庭，瞻奉宸极。忽此危亟，气候奄然，将冥没圣代，长辞白日。抚心内痛，割切五情。且鸟之死，其声尤哀，况臣系心圣朝，结恋慈母，倚枕西向，觐谒永遥，所以循环晷刻，心肠断绝。

臣以素无成效，累加封邑，每经陈让，不蒙允许。今臣
将死，觊冒犹存，若使无功之子嗣守素封，臣赴下泉，
亦不瞑目。况生人凋蔽，国用不充，军兴所须，实资钱
谷。谨上前后所赐实封二千户，请归之有司，庶裨万一。
盖臣宿素必守之诚，伏惟圣慈特赐临照。行营兵马使已
下至将士及资粮营田所繇等，并令恭守所职，伏听进止。
仰天沥恳，诚切气微，俯首呜咽，申吐不尽，不胜哀迫
痛恋之至。①

代宗接到光弼的让官表后，即手诏答曰：

爵土之封，以酬勋德，故受之者适当其分，使赏在必
行，而得之者不让其余，使人有可继。国之彝宪，在乎至
公，往者寇逆乱常，京阙失守，大尉兼侍中、充河南副元
帅、都知河南·淮西·山南东道诸节度行营事、上柱国、
临淮郡王光弼，首奉师律，翊佐先朝，克殄氛祲，厎宁宗
社。自朕缵承丕绪，又置大功，扶颠履危，勤恤于外，可
谓忠存王室，道济生人，则食邑所加，抑惟常典。小因疾
故，遽有恳词，不伐茂勋，请归实食。览其章奏，增用悯
然。且福寿之理，期于勿药；井赋之锡，传于无穷。岂宜
暂以微瘵，便思独善，将使在其下者何颜受封！用阻深

---

① 《全唐文》卷345李光弼《辞疾让官表》。

诚，盖存大体，然谦挹有素，志义可嘉，足以激厉名节，光昭退让。宣示中外，咸使闻知。①

天子的答诏还算得体。尤其是对光弼的"忠存王室"的评价，颇为中肯。不允光弼辞让，当非言不由衷。其答诏"宣示中外"，一方面藉此表彰功臣，更重要的是要释天下之疑。但遗憾的是，直到光弼病到这般地步，皇上犹认为是偶染微疾，可见光弼已病数年的情况，朝廷并未觉察或不曾在意。战争时期，为不给敌方以可乘之隙，即便主帅已故，亦往往秘不发丧。所以光弼久病，非惟敌人不晓，朝廷也不知其详。但由是造成了天子乃至天下之人对光弼"不释位之诛"的极大误会，亦属情理之中。试就光弼《辞疾让官表》中所揭示的问题，辨析如下：

其一，光弼之所以"迁延不至""不敢入朝"，是因为重病缠身。

《表》云，自代宗登基以来，光弼一直患病，临终前两个月，已是"有加无瘳"，病入膏肓。事实上其病史还要早一点，早在肃宗上元二年（761）赴临淮时，就不得不"舆疾就道"②。一个自小就马上功夫了得的人，若不是患重病，又怎能舍坐骑而以车辇代步！又，《李光弼碑》透露说，其薨是因

①《全唐文》卷46唐代宗《答李光弼让实封诏》。
②《新唐书》卷136《李光弼传》。

为"将赴东都"时"疾痢增剧"。所谓"疾痢",不应是赤白痢疾,因为痢疾一般多为急性,而光弼至少历经三年病魔缠身,假定为肠痛绝症的话,则已是致命的晚期。

一个身患不治之病的人,在"方隅多故"的特定环境里,竟能西抗叛军、南平民变,从而使朝廷无东顾之忧,且在病危时犹"系心圣朝",念念不忘"未获趋拜阙庭"的机会,这哪里是晚节不忠!如果说光弼对天子是"鞠躬尽瘁,死而后已",才恰如其分。

一个气息奄奄久染绝症的人,在自身尚且难保的情况下,指责其勤王"迁延不至"和"不敢入朝",这是不公平的,更有点残酷的味道。

其二,朝廷对患病的光弼措置不当。

由于天子不明,误认为光弼未能及时勤王为别有他肠,为了就近监视和控制光弼,"乃除光弼东都留守,以察其去就"。可是又迟迟不下制书,至使光弼在徐州延颈以待。

其三,关于光弼为朝恩等忌恨因而"畏祸""迁延"事。

史称:"相州、北邙之败,[鱼]朝恩羞其策缪,故深忌光弼切骨,而程元振尤疾之。二人用事,日谋有以中伤者。及来瑱为元振谮死,光弼愈恐。吐蕃寇京师,代宗诏入援,光弼畏祸,迁延不敢行。"[1]光弼同鱼朝恩矛盾很深,确实如此,像相州之战中朝恩不从光弼的"围魏拔邺"之策致官军

———————
[1]《新唐书》卷136《李光弼传》。

溃败（事见第九章《相州之战》），像邙山之战中朝恩与朝廷的决策失误逼光弼与思明决战致败，均表明二人结怨已久且势如水火。至于光弼同"权震天下"的程元振的矛盾，史籍缺乏具体记载，只是说：

> ［元振］素恶李光弼，数媒蝎以疑之。［来］瑱等上将，［裴］冕、光弼元勋，既诛斥，或不自省，方帅纍是携解。①

问题是宦官鱼朝恩、程元振在天子跟前的"媒蝎"光弼，是否真的起到加害光弼的作用，以至于发展到光弼"畏祸"，连天子有难都不敢去救援的一步？事实上，朝恩构陷确曾动摇朝廷对光弼的信任，如邙山之败，天子"不以覆军之罪罪朝恩"，而却罢李光弼"兵柄"，这当然是鱼朝恩委过于光弼所致。然而，天子很快纠正了这种"失刑甚矣"的措置，只两个月后就复以李光弼为河南副元帅，使出镇临淮。而代宗即位不到一月，就迫不及待地对光弼等赐号"宝应功臣"，且进封光弼为临淮王。②按，唐制，正一品王爵，唯皇子授之；异姓（此谓非皇族）封王，充其量授予从一品郡王。而光弼从临淮郡王到临淮王，即位与亲王等，表明他受到天子的破格优待。又，唐天子赏予臣下的封户多为虚授，但光弼的食

①《新唐书》卷207《程元振传》。
②《旧唐书》卷11《代宗纪》。

邑二千户，则为"食实封"。所有这些无不说明皇上虽因宦官
谗言对光弼有所疑忌，但从总体上还是信任的。故光弼在
"荷国厚恩"的同时能"系心圣朝"。又据光弼一贯表现，如
保太原时过府门而不入，守河阳中誓以死殉国、"西向拜舞"，
临终前对天子的"不胜哀迫痛恋之至"，揭示了光弼自始至终
都是忠于朝廷的，他之所以在天子播迁时"迁延不至"，只能
以身染重病、不能成行作唯一解释。

其四，光弼既无野心，又不贪财。

其在受到朝恩、怀恩倾轧时，却逆来顺受；邙山之败，
原非己过，却"固求自贬"；"累加封邑"而"每经陈让"；特
别是在一息仅存时，坚请让出"实封"，以绝子孙无功受禄之
想，又取"已封绢布各三千匹，钱三千贯文分给将士"①，
……如此种种，生动地说明光弼淡于名利、清俭自守的素质
和修养。

一个政治上没有野心的人，当然不具备与朝廷分庭抗礼
的勇气和奢望。

其五，光弼是个大孝子。

《碑》称光弼对其母亲"下气怡声，承顺而每竭其力"。
惜乎光弼戎马一生，不能长期承欢于太夫人膝下。当邙山之
败后徙镇河中（治今山西永济市蒲州镇）时，就自长安接母
亲来治所奉养。可怜好景不常，不多天就又以王事徙镇临淮。

---

①《旧唐书》卷110《李光弼传》，并见《李光弼碑》。

复因"方隅多故，加以疾病"，非但不能入觐天子，更无亲自问安母亲机会。而"结恋慈母"情绪无日不在困扰着光弼，所以临终前当将吏等问以后事时，他痛苦地自责："吾久在军中，不得就养，今为不孝子矣，夫复何言！"母子情深，噩耗传至京城，"太夫人一恸而绝，终夕方苏"①。

在封建道德范畴中，其核心是忠、孝二字。在统治阶级看来，惟有孝于双亲的人，才可能忠于君王。像光弼这样至孝的人，又怎能在行将就木时，会对皇上有不忠的表示！

总上，若用封建社会的道德规范来衡量李光弼，他应是标准的忠孝双全的人。由于关山阻隔远离朝廷，时人难免对光弼有诸多误会，而治史者因循旧说，遂有"令名不全"之讥。

光弼薨于广德二年（764）七月五日，终年57岁②。是月二十五日哀问传至京师，天子"痛悼之，辍朝三日"。并派鱼朝恩到光弼在长安敦义坊的宅第吊问其母韩国太夫人，又命京兆尹第五琦监护丧事。九月二十五日追赠，"祖送于延平门"③，葬于富平县先茔东侧（在今富平县觅子乡别家村西北约1公里处）。墓碑至今犹存④。

---

①《全唐文》卷342《李光弼碑》。

②《碑》称薨于七月五日己亥。按七月丙申朔，己亥为四日，但《辞疾表》有"今月五日"云云，则光弼应薨于庚子日（五日）。

③《册府元龟》385《将帅部·褒异一一》。

④现存唐碑两通，一存富平县文庙（颜真卿撰），一为大历三年（768）杨炎撰《大唐赠司空李府君神道之碑》。碑立于墓地，但封冢淤于地下。此外，尚有清代陕西巡抚毕沅命富平县令吴六鳌所立墓碑。

第十五章
蕃将世家

《李楷洛碑》称：契丹入朝蕃将楷洛家族两代人中"一门四龙，三作元老"。那么，"四龙"何谓？"元老"何指？李楷洛历事武则天、唐中宗、唐睿宗、唐玄宗，可谓四朝元老，当然亦为一"龙"；李光弼及弟光进历事玄、肃、代三宗，则为三朝元老。并各备"四龙"之一。光弼之上不还有三位兄长，如遵宜、遵行等皆仕至将军，但不幸早死。在光弼、光进之间还有两个兄弟，其中光琰早世。光颜（或作彦）则官至特进、鸿胪卿。光颜名气虽不算大，但亦可算作一"龙"。这些人"皆以将略见称时辈"[1]。光弼薨后，光进依然在宣力朝廷，不惟如此，光弼的子孙以及光进的后人，代有名人，且都任显要军职，可谓蕃将世家。择其要者，介绍如下：

李光进。唐代蕃将中有两个光进，一为契丹人，即楷洛少子、光弼之弟，另一为铁勒族阿跌部酋阿跌良臣子李光进

---

[1]《全唐文》卷422杨炎《云麾将军李府君神道碑》。

（元和中赐姓李）。《旧唐书》撰者不察，竟将契丹光进的事迹插入铁勒光进的传中，但因是我们可以多少了解到光弼弟光进的事迹：

> 光进勇毅果敢。……肃宗自灵武观兵，光进从郭子仪破贼，收两京，累有战功。至德中，授代州刺史，封范阳郡公，食邑二百户。上元初，郭子仪为朔方节度，以军讨大同、横野、清夷、范阳及河北残寇，用光进为都知兵马使。寻迁渭北节度使。永泰初，进封武威郡王。大历四年，检校户部尚书、知省事。未几，又转检校刑部尚书、兼太子太保。是岁冬十月，葬母于京城之南原，将相致祭者凡四十四幄，穷极奢靡，城内士庶，观者如堵。①

《新唐书》关于光进经历记载则与上引大同小异：

> 光弼弟光进，字太应，初为房琯裨将，将北军战陈涛斜，兵败，奔行在，肃宗宥之。代宗即位，拜检校太子太保，封凉国公。吐蕃入寇，至便桥，郭子仪为副元帅，光进及郭英乂佐之。自至德后与李辅国并掌禁兵，委以心膂。光弼被谮，出为渭北、邠宁节度使。永泰初，

---

① 《旧唐书》卷161《李光进传》。

封武威郡王。累迁太子太保，卒。

  母李，有须数十，长五寸许，封韩国太夫人，二子节制皆一品。死葬长安南原。将相莫祭凡四十四幄，时以为荣。①

《通鉴》记述亦大体如上，不赘。其他文献中，亦有一些关于光进官职、事迹的零星记录，则为上引材料所无。如《文苑英华》中所辑中书制诰里有关于光进官制的补充：

  敕：左骁卫将军李光进，行己庄肃，临戎果断，有卞庄之勇，怀孟明之材，屡献奇功，益闻干略，克副难兄之业，能摧强寇之锋，允武允文，宜加美秩。光进可鸿胪卿同正。②

可见李光进曾以左骁卫将军进拜鸿胪卿同正。在肃宗的《收复两京大赦文》中，还反映了光进在封范阳郡公之前有"开府仪同三司"这样的一品文散官称号③。又，在永泰元年（765）九月，仆固怀恩诱党项等蕃入寇奉天（今陕西乾县）时，"光进仗天之威，首歼魁孽"④。此外，光进还同某些文

---

①《新唐书》卷136《李光弼传》附《李光进传》。
②《文苑英华》卷397贾至《授李光进鸿胪卿制》。
③《全唐文》卷44。
④《全唐文》卷425于邵《贺破渭北党项状》。

人私交笃厚，像以写边塞诗驰名的岑参就有诗奉送于他：

> 诏出未央官，登坛近总戎。
>
> 上公周太保，副相汉司空。
>
> 弓抱关西月，旗翻渭北风。
>
> 弟兄皆许国，天地荷成功。①

这首诗的写作时间是广德二年（764）正月，是为送别李光进赴镇渭北（治今陕西黄陵）而作。诗中表明光进在诸多荣誉官衔中还兼有御史大夫。

以上说明，光进的军声虽亚于乃兄，但才兼文武、位至将相、爵称郡王，亦为显赫于肃代二宗时的举足轻重人物。又据《宝刻丛编》卷10载，光进薨于大历十年（775），与父兄同葬一地。还须附带交代的是，其生母韩国太夫人李氏，在光弼重病时，代宗密诏郭子仪自河中"舆归京师"。因光进"性亦孝悌"，对其母"鼎味就养"②。

这对若泉下有知的光弼，亦算是莫大安慰。值得注意的

---

①《岑参集校注》卷4《编年诗·奉送李太保兼御史大夫充渭北节度使》。

②《旧唐书》卷110《李光弼传》。

是，光弼曾自称其祖上"三代无葬地"①。可是自其父始，入汉乡随汉俗，以诏命葬于富平县檀山原，后来光弼等及后人亦都葬此。但前引楷洛元配夫人，即光弼、光进生母韩国太夫人却葬于长安南原，这当与保留蕃人的某种原始葬俗（即对偶婚制的夫妇不合葬）有关。

光进当至少有子二人②。次子元凭事迹，史载阙如，但长子元奕青史留名。宪宗元和元年（806）正月，西川节度使刘辟因"求兼领三川"不为朝廷所许，遂擅发兵攻击东川节度。为讨伐刘辟，宪宗以神策军（即中央军）京西行营兵马使李元奕统步骑二千，从节度使高崇文为"次军"，南出骆谷（在今陕西周至县西南）会合山南西道等节度，共讨刘辟。当年九月，诸军"擒刘辟以献"③。

与光进后人史料缺乏不同，光弼子孙的记载较多。光弼有子至少三人，长子义忠，次子象，俱为太仆卿④，三子彙，官至泾原节度使，有子三人，女七人，嗣子名罕。又有宣宗朝岭南节度使李承勋，疑为李彙少子。现将李彙、李承勋等

———————

①《全唐文》卷342颜真卿《李光弼碑》。按，《册府元龟》卷961《外臣部·土风三》载，契丹盛行林葬，即以死者尸体"置于山树之上，经三年之后，乃收其骨而焚之"。这正是光弼祖上三代（事实上不只三代）无葬地的原因。

②《新唐书》卷75下《宰相世系表五下》。

③《旧唐书》卷14《宪宗纪上》；并见《资治通鉴》卷237宪宗元和元年（806）。

④《新唐书》卷75下《宰相世系表五下》。

事迹介绍如下。先摘录《李彙墓志》于后：

府君讳彙，太尉武穆公光弼之少子也。为人俭毅意气。祖楷洛，自匈奴提其属来入，始为唐臣。累迁至将军，赠司徒。武穆既壮，当天宝末，以平燕寇有功，故公于提褓之间得赐校书郎。武穆薨，公少无所倚，薛兼训怜之，奏试殿中丞。后从朔方军，事汾阳王于邠。又从东平军，事李正已于淄青。正已悖，公说之以善，语虽不从，然得重赐与驰归。即从宣武军司徒勉公使于京。而贼〔李〕希烈攻勉。城拔，公不得赴。乃从淮汝军，事哥舒曜（按，哥舒翰子）于东都。兴元中，〔于〕行营为先军，得试将作少监兼侍御史。后从义成军，再事贾耽于滑，得兼御史中丞。贞元九年入为左神策左将，加都将。元和初，加御史大夫。二年，出镇同官。四年，加右散骑常侍，迁宿州刺史。七年，改安州刺史。九年，入为右羽林将军。十年春，加左散骑常侍，拜节帅泾原。既至，闻士卒前以食不赈而鬻子者，皆与赎归之。夏六月，公疾发，视政不能勤。七月十二日薨，行年五十九。赠工部尚书，发御府粟帛，命官即其家吊劳。生子男三人，女七人。长女适焦氏。娶窦氏夫人，生嗣子罕。夫人卒，娶潭氏。潭氏亦早卒。公将葬，使卜兆，兆言合葬不宜。罕从卜，竟祔先将军太尉之墓于华原某原。①

据上引，彙于光弼弃世时，只有八九岁，其母太原王氏更早于光弼卒②，故彙"少无所倚"。以后大半生寄人篱下，飘泊不定，但基本上都未脱离军营生活，并于临终前半年拜泾原节度使。从李彙的身世经历，可知光弼生前清俭廉慎，确实未给"无功之子"遗留食封贵族的特权，以至于后人得靠别人提携步入仕途。又，李彙死后亦未与前后两个夫人同穴，更未见光弼同薛国夫人王氏合葬的记载，足见契丹某些习俗即便在这个"备闻诗礼"、汉化极深的家族中还顽固地残存着。

在李彙的七个女儿中除长女适焦氏外，有归宿可考者还有吴兴（今浙江湖州市吴兴区南下菰城）沈称师夫人：

汉孝武时，匈奴累犯塞。夫人之先为都尉，出居延，力战且陷，遂与其部居胡中为贵落。其后入唐为功臣，世世以武绩显。至大父临淮王光弼，父尚书彙，皆为帅长。及父殁，门下客沈亚之，请其属以夫人归于从祖之子曰称师。从祖讳房，当代宗时，取良家配帝，其姑以妃受选入宫，生雍王。沈氏之先，继列组冕，显于籍牒

①《全唐文》卷738沈亚之《泾原节度使李常侍墓志铭》。
②《全唐文》卷342《李光弼碑》。

者，皆由文学。及德宗即位，追尊皇太后。太后昆弟父
祖既追封矣，其子侄皆蒙宠荫；遂以房为将军执金吾。
冕为卿掌太府，羽为驸马都尉，尚长林主。夫人既嫁三
年而卒，生子男，未能视在。元和十四年正月六日，具
葬城南，次于沈氏之陇。[1]

按，沈太后为德宗生母，失踪于禄山陷长安时，及德宗即位，
乃有人（如高力士女）冒充太后者。李彙女既适太后沈氏家
族，则使契丹李光弼家族同皇亲国戚发生了沾亲带故的瓜葛。
更有意义的是，这个蕃将世家竟与江南士族、世代书香之家
结为姻亲关系，不失为奇特的组合。

李光弼还有个孙子曰承勋者，不知是李彙的三子之一，
抑为李义忠、李象之子？《通鉴》卷249宣宗大中十一年
（857）有关于李承勋的记载：

冬，十月，已巳，以秦成防御使李承勋为泾原节度
使。承勋，光弼之孙也。先是，吐蕃酋长尚延心以河、
渭二州部落来降，拜武卫将军；承勋利其羊马之富，诱
之入凤林关，居秦州之西。承勋与诸将谋执延心，诬云
谋叛，尽掠其财，徙其众于荒远；延心知之，因承勋军

---

[1]《全唐文》卷738沈亚之《沈参军故室李氏墓志铭》。

宴，坐中谓承勋曰："河、渭二州，土旷人稀，因以饥疫。唐人多内徙三川，吐蕃皆远遁于叠宕之西，二千里间，寂无人烟。延心欲入见天子，请尽帅部众分徙内地，为唐百姓，使西边永无扬尘之警，其功亦不愧于张义潮矣。"承勋欲自有其功，犹豫未许，延心复曰："延心既入朝，部落内徙，但惜秦州无所复恃耳。"承勋与诸将相顾默然。明日，诸将言于承勋曰："明公首开营田，置使府，拥万兵，仰给度支，将士无战守之劳，有耕市之利。若从延心之谋，则西陲无事，朝廷必罢使府，省戌兵，还以秦州隶凤翔，吾属无所复望矣。"承勋以为然，即奏延心为河、渭都游弈使，使统其众居之。①

这个"详于身谋，略于国事"的李承勋，若父祖有知，一定会痛斥他为不肖子孙。他先是眼红吐蕃羊马之富，引诱人家降附，继又背信弃义地要谋财害命逐其部众于穷荒之域，幸亏降酋识破了他的险恶用心，略施小计得以自全。李承勋任泾原镇帅只有半年时间就徙镇岭南（镇所在今广州）。大中十二年（858）四月，岭南都将王令寰逐节度使杨发，为了迅速平息这场叛乱，宣宗以李承勋为岭南节度使，以邻道兵百人护送承勋赴广州，承勋竟以此微不足道的兵力定岭南②。可

---

①《资治通鉴》卷249。
②《唐语林》卷2《政事下》，并见《资治通鉴》卷249，宣宗大中十二年（858）七月。

见承勋在军事上还是很有本领的。他在南疆危急之际受到派遣，亦足以表明天子对他的器重和信赖。

自武周时代李楷洛为入朝蕃将，迄晚唐李承勋累任边陲节帅，近二百年中，至少有四代人均代出将才。这种蕃将世家现象，是很值得深入研究的。

第十六章

"临淮遗法"

　　唐代及唐以前的兵法书类的撰者和注疏者共六十二家，李光弼则以其《统军灵辖秘策》（或称《武纪》）以备其数[1]。但《秘策》一书已难窥其详，我们只能从其他方面来探讨李光弼的军事思想。

　　永泰元年（765）九月，仆固怀恩诱回纥、吐蕃、党项等入犯京畿，河南节度使郝廷玉屯于中渭桥（在今陕西西安市北）以备之。时观军容使鱼朝恩听说廷玉擅长布阵，遂请廷玉作阵法表演。"廷玉乃于营内列部伍，鸣鼓角而出，分而为阵，箕张翼舒，乍离乍合，坐作进退，其众如一。"朝恩观后大发感叹："吾在兵间十余年，始见郝将军之训练耳。治戎若此。岂有前敌耶？"廷玉凄然答曰："此非末校所长，临淮王之遗法也。太尉善御军，赏罚当功过。每校旗之日，军士小不如令，必斩之以徇，由是人皆自效，而赴蹈驰突，有心破

------

　　①《新唐书》卷59《艺文志三》。

胆裂者。太尉薨变已来，无复校旗之事，此不足军容见赏。"①

按，郝廷玉为光弼"帐中爱将"，在光弼徙镇临淮后，犹追随左右。应当说在光弼的部将中，他是最了解主帅的。因此，对于"临淮王之遗法"，他是深得其中三昧的。根据郝廷玉说法的启示，光弼用兵的最大特征，是治军训整，赏罚分明。

唐朝军队，始终都是以部落兵种为其武力的主要组成部分。②而这种兵种的缺憾是"见利即前，知难便走"，"胜止求财，败无惭色"③。故被打上落后的部落兵种烙印的朝廷军队，一直难以解决军纪不整的问题。唐初是这样，平安史之乱时，更是如此。如九节度相州之败，仅因气象反常，官军就不战自溃，郭子仪所统朔方军，"战马万匹，惟存三千；甲仗十万，遗弃殆尽"。更恶劣的是，除李光弼所统河东军，王思礼所统关内·泽潞军能"整勒部伍，全军以归"，其他七支官军在"溃归本镇"时，"所过劫掠，吏不能止"④。非但"败无惭色"，而且逃命时，亦不忘"求财"。朔方军在宝应元年（762）十月与回纥收复东京等地时，"以东京、郑、汴、

---

①《册府元龟》卷391《将帅部·习兵法》；《旧唐书》卷1524《郝廷玉传》。

②参看拙著《唐代蕃将》第二章（三秦出版社1990年6月第1版）。

③《大唐创业起居注》卷1。

④《资治通鉴》卷221肃宗乾元二年（759）三月。

汝州皆为贼境，所过房掠，三月乃已。比屋荡尽，士民皆衣纸"①。这哪里有"王师"的影子，乃不折不扣的"民贼"！然而，同是这支朔方军，此前乾元二年（759）七月由光弼代子仪为节度使时：

> 旧营垒也，旧士卒也，旧旗帜也，光弼一号令之，精彩皆变。②

关于光弼"治军严整"的事例极多。如：天宝十五载（756）四月，郭李联军克赵州（治今河北赵县），"士卒多房掠"，为彻底禁绝这种败坏军纪的现象，"光弼坐城门，收所获，悉归之，民大悦"③；同年八月，光弼以敕命接收太原兵，但主太原兵的侍御史崔众既"侮易"前任节度使，复简慢光弼，更迟迟不愿交兵，为整肃军纪，光弼怒斩崔众，于是"威震三军"④。乾元二年（759）八月，当"多不奉法"的朔方将士听说光弼要来取代郭子仪为节度使时，大都诚惶诚恐，可是左厢兵马使张用济却骄慢如初，为号令三军，光弼毫不客气地将用济"斩于纛下"。致使一向骄横的右厢兵马使仆固怀恩，"不敢惕息"。在两军对垒和激烈交锋时，光

①《资治通鉴》卷222肃宗宝应元年（762）十月。
②《唐国史补》卷上。
③《资治通鉴》卷217肃宗至德元载（756）四月。
④《册府元龟》卷449《将帅部·专杀》。

弼的立法、执法尤其严厉，如乾元二年（759）的河阳北城保卫战：

> ［光弼］令之曰："尔等士望吾旗而战，若麾旗缓，任尔观望便宜；吾旗连麾三至地，则万众齐入，生死以之，少退者，斩无舍。"［郝廷］玉策马赴贼。有一将援枪刺贼，洞马腹，连刺数人。一人逢贼，不战而退。光弼召不战者斩，赏援枪者绢五百匹。①

> 顷之，廷玉奔还。光弼望之，惊曰："廷玉退，吾事危矣。"命左右取廷玉首。廷玉曰："马中箭，非敢退也。"使者驰报，光弼令易马，遣之。仆固怀恩及其子开府仪同三司［仆固］玚战小却，光弼又命取其首。怀恩父子顾见使者提刀驰来，更前决战。光弼连飐其旗，诸将齐进致死，呼声动天地，贼众大溃，斩首千余级，捕虏五百人，溺死者千余人。②

不骚扰百姓，不姑息养奸，令行禁止，赏罚严明，"每申号令，诸将不敢仰视"，无不惕息听命。这正是光弼克敌致胜的法宝。光弼独树一帜，不受骄兵悍将所制，不为普遍存在的

---

① 《册府元龟》卷401《将帅部·行军法》。
② 《资治通鉴》卷221肃宗乾元二年(759)十月。

"治师不整"的时俗所染，这确实不易和难能可贵。

光弼不仅"治师训整，天下服其威名"①，其军事战略思想和具体战术创造性地运用，也都有可称之处。

在平叛战略上，光弼从分析官军和叛军的实力出发，并针对朝廷求胜心切的情绪，始终认为在敌锋正锐的形势下，不可能速胜，只有作持久战部署，才可最后取胜。

当天宝十五载（756）六月，朝廷逼哥舒翰率"羸师"出潼关同叛军决战时，李光弼与郭子仪深感不安，二人交换意见说：

> "哥舒公老疾昏耄，贼素知诸军乌合，不足以战。今禄山悉锐南驰宛、洛，贼之余众尽委思明，我且破之，便覆其巢。质叛徒之族，取禄山之首，其势必矣。若潼关出师，有战必败。关城不守，京室有变，天下之乱，何可平之！"乃陈利害以闻，且请固关无出。②

李、郭奏章，《通鉴》撮其要记之：

> 请引兵北取范阳，覆其巢穴，质贼党妻子以招之，贼必内溃。潼关大军，唯应固守以弊之，不可轻出。

---

①《新唐书》卷136《李光弼传》。
②《资治通鉴》卷218肃宗至德元载(756)六月胡注引凌准《邠志》。

可是朝廷欲速战速决，拒不采纳李光弼等人的建议，结果非但哥舒翰丧师，潼关失守，天子播迁，连李光弼、郭子仪血战而取得的河北大胜也毁于一旦，且应肃宗之诏，不得不"全师赴行在"①。

"欲速则不达"，光弼于官军潼关失守后，更加信守此一格言。乾元二年（759）正月，他针对官军中的轻敌情绪，提出了"围魏拔邺"之计，但观军容宣慰制置使鱼朝恩"以为不可，乃止"，致九节度不战而溃。使后世治史者为此感叹不已："使用光弼之计，安有滏水之溃乎！"②滏水者，即今河北磁县境滏阳河，乾元二年（759）三月六日官军大溃于此。是年九月，史思明乘新胜气盛遂倾师南下，直迫东京。如何迎战，官军方面意见纷纭，东京留守韦陟"请留兵于陕，退守潼关，据险以挫其锐"。光弼以为不可，他说：

> 两敌相当，贵进忌退，今无故弃五百里地，则贼势益张矣。不若移军河阳，北连泽潞，利则进取，不利则退守，表里相应，使贼不敢西侵，此猿臂之势也。夫辨朝廷之礼，光弼不如公；论军旅之事，公不如光弼。③

①《旧唐书》卷120《郭子仪传》。
②《资治通鉴》卷221肃宗乾元二年（759）正月胡注。
③《资治通鉴》卷221肃宗乾元二年（759）九月。

其判官韦损则表示反对，质问说："东京帝宅，侍中（按，时
光弼拜侍中）奈何不守？"光弼反诘道：

> 守之，则汜水、崿岭、龙门皆应置兵，子为兵马判
> 官，能守之乎？

时光弼仅"有兵二万，粮才支十日"，要抗数十万敌军，
只有进行战略上积极退却，即主动放弃东京，让敌人分兵把
守背上包袱，才可以俟有利时机，最后击败强敌。光弼退守
河阳后，有效地牵制了敌人主力，使思明不敢向西越雷池一
步；既避免了重蹈哥舒翰潼关之败，又以自己守城之长歼敌
于河阳城下。事实证明光弼的军事战略思想是无往而不胜的
又一重要法宝。惜乎朝廷后来惑于鱼朝恩、仆固怀恩之流的
言论，不顾光弼的"贼锋尚锐，未可轻进"的意见[1]，致上元
二年（761）的北邙山之败。

设若朝廷一开始就采纳李光弼稳妥、持重的战略方针，
非但无潼关失守、北邙山之败，且平叛战争的胜利也不可能
拖八年之久。光弼的持久战战略思想，最终是为了将胜利日
期提前，李光弼的军事思想中，竟不乏辩证法的因素。

李光弼不只在对敌战略上高人一筹，而且在战术的运用
上更为同时代的他将所望尘莫及。这主要表现在"谋定而后

---

① 《资治通鉴》卷222肃宗上元二年（761）二月。

战","以奇用兵","以少败众"等方面。

谋定而后战 李光弼从来不打无准备之仗，每次作战之前，都要制定详细的应敌方案和作周密的军事部署。如太原保卫战以"地道设奇"制胜，如河阳之战前，就早已胸有成竹，做出"弃守东京"，"移军河阳"，以"猿臂之势"，使"贼不得西"的谋划。其他战役如"嘉山大捷"前的"疲敌"战术，等等，无不是"谋定而后战"。

以奇用兵 所谓以奇用兵，是指对敌作战，"出其不意，攻其不备"，即以"奇兵"制胜。在通常情况下，若敌强我弱，则以奇用兵，用智慧谋略同敌人周旋，以达以弱胜强的目的。若我强敌弱，则以正用兵。即用"正兵"同敌人正面作战，进行实力较量。当然，战场形势千变万化，故作战方法，往往是奇正结合，奇中有正，正中有奇，或奇正互相转化。光弼鉴于敌强我弱的形势，在战术上极为重视敌人，因此采用以奇兵为主的作战方法。《李光弼碑》对其以奇用兵举了如下几个战例：

> 藉朔方偏师之旅，入井陉不测之地；思明挫锐于恒、定，禄山绝望于江淮；守太原而地道设奇；保河阳而云梯困冀；破周贽于温洺；擒太清于覃怀；走史朝义叛涣之众于梁宋；救仆固瑒已危之军于瀛莫。皆意出事外，虏坠计中。

"藉朔方偏师"云，是指光弼仅以"朔方兵五千"东出井
陉关开辟敌后战场；"思明挫锐""禄山绝望"云，谓光弼在
河北每以奇兵取胜（如以轻兵奇袭九门敌兵、用疲敌战术为
"嘉山大捷"做准备工作等等），致思明"露发跣足"遁逃、
"禄山议弃洛阳"北走；"地道设奇"云是说保卫太原时以地
道战、堡垒战、石炮战等战术出奇制胜；"云梯罔冀"云，是
说守河阳三城时，光弼用"牝马计""诱敌计""缓兵计"以
及攻心战、石炮战、长竿战、攻坚战、决胜战等以奇兵为主，
奇正结合的战例，因这些战斗都是在城外进行，故叛军攻城
器具（如云梯）难以派上用场；"破周贽于温沇"，谓河阳大
捷后，破敌相周贽于温县（治今河南温县）境济水一带，此
战史籍阙载；"擒太清于覃怀"云，当指乾元三年（760）三
月李光弼以地道攻取怀州（今河南沁阳县），擒伪署怀州节度
使安太清；"走史朝义叛涣之众"云，谓光弼徙镇临淮后，遣
部将田神功、郝廷玉以"犄角"击史朝义，"贼遂一战而走"，
宋州（治今河南商丘）等围由是解除；"救仆固瑒"云，指宝
应元年（762）十一月，仆固怀恩子瑒于莫州（治今河北任丘
北鄚州）被史朝义、田承嗣大败，"丧师三千余级"，"退师数
十里"[1]，赖光弼部将郝廷玉等进围莫州，才使仆固瑒已危之
军得救。

———————————

①《资治通鉴》卷222肃宗宝应元年(762)十一月《考异》引《河洛春
秋》。

以少败众 如果说谋后而战,"以奇用兵",为光弼作战方法的主要特征,那么,"以少败众"则是他作战的最终目的。战争的最终目的在于保存自己,消灭敌人,而以弱势兵力抗击强大的敌人并歼灭其有生力量,则尤其不易,光弼正是在这一点上表现得出类拔萃,远逾同时代的其他将帅之上:

平叛战争一开始,他就先声夺人,仅以朔方军偏师五千人①,孤军东出井陉,开辟了河北战场。致使叛军后院大火,"河北十五郡皆杀贼官吏以归国","禄山忧惧不知所为"②。

太原保卫战中,李光弼以"乌合之众不满万人",大破史思明等十万精锐,创造了中国古代守城史上以弱制强的光辉战例之一。

河阳之战,光弼又以郭子仪新败之军二万,牵制叛军全部精锐,致两军"相持凡八月,思明暴露,不敢入东京",且最后大获全胜";"思明心悸气索,烟火不举者三日"③。

光弼不只"治师训整",号令严明,在军事战略上能高瞻远瞩,在战术运用上每"以奇用兵",在战果获取上常"以少败众",且以身示范,为广大将士也做出了表率。

他认为"战者危事,胜负难必",所以每次临阵,都藏短

①两《唐书·李光弼传》。但《李光弼碑》称朔方马步八千人,《通鉴》谓万余人。即便万余人,亦不能与河北叛军匹敌,如史思明仅在嘉山之战中,就投入兵力五万。

②《安禄山事迹》卷中。

③《李光弼碑》。

刀于靴中，"义不受辱"①。因主帅有决死之志，三军当然为之感动而奋勇杀敌。

他不但置个人生死于度外，连妻儿安危也不顾。如太原保卫战一个多月中。为了"有急即应"，他一直栖身于临时搭起的小棚中，多次路过家门，都"未尝回顾"，直至结束战事后多日，才"始归府第"②。

他知人善任，军中士卒，"苟有小技，皆取之，随能使之，人尽其用"③。其在徐州，惟军旅之事由自己裁决，其余众务，"悉委判官张傪"；"傪吏事精敏，区处如流"，"由是军中肃然，东夏以宁"④。

他"身先士卒"，与部下甘苦与共，乃至临终之时，犹不忘"鬻麦以分遗将士"⑤。

他勇于承担责任，从不计较个人得失，邙山之败，本与他不太相干，但他仍上表自谴，代人受过⑥。

他爱民如对父母，对遭受叛军祸害地区的百姓，暴尸荒野者，哭而祭之；"为贼幽闭者"，出而慰之；遭官兵虏掠者，

①《全唐文》卷342《李光弼碑》。
②《旧唐书》卷110《李光弼传》。
③《资治通鉴》卷219肃宗至德二载(757)一月。
④《资治通鉴》卷222肃宗宝应元年(762)五月。
⑤《旧唐书》卷110《李光弼传》，《全唐文》卷342《李光弼碑》。
⑥《新唐书》卷136《李光弼传》。

夺而"悉归之"①。

总上可知，"临淮遗法"并不只是在治军方法上的严肃训整，而是应包括李光弼的一整套的军事思想，乃至还含有属于道德范畴的某些个人品质修养。

对于像李光弼这样杰出的伟大的军事家，其同时代的人及后代治史者，无不有崇高的评价。

中唐的文学家、书法家、政治家颜真卿，将他和郭子仪比作西周宣王时代的中兴名臣方叔、召虎：

> 昔宗周之中兴也，时则有若方叔、召虎，总师干肇敏之业，南威蛮荆，东截淮浦，以左右宣王。诗人歌之，列在《风》《雅》。我皇唐之反正也，时则有若临淮、汾阳，秉文武忠义之姿，廓清河朔，保乂王室，翼戴三圣，天下之人，谓之"李郭"。异代同德，今古一时。②

看来颜真卿虽把唐室中兴名将"李郭"置于同一级别，但李光弼则排名在前。这也许是他同光弼有着特殊感情：

> 真卿昔守平原，困于凶羯，繄公莅止，获保余生。③

①《旧唐书》卷110《李光弼传》，《资治通鉴》卷217肃宗至德元载（756）四月。
②《全唐文》卷342《李光弼碑》。
③《全唐文》卷342《李光弼碑》。

　　但"李郭"排名并非颜鲁公个人偏爱而发明，其同时代的人亦同样认为李应在郭上①，故史称："光弼……与郭子仪齐名，世称'李郭'，而战功推为中兴第一。"②说起战功，其实郭子仪是很难同李光弼相比的。明代史论家、思想家王船山说：

　　　　以战功论，李光弼奋其智勇，克敌制胜之功视郭为多；郭则一败于清渠，再溃于相州……③

　　公平地讲，若论治军本领，郭子仪与李光弼并不是同一层次上的人，应以李光弼同先秦时代的最杰出的军事家们来作对比，故《旧唐书》的撰者认为：

　　　　凡言将者，以孙、吴、韩、白为首。如光弼至性居丧（按，谓光弼"丁父忧，终丧不入妻室"），人子之情显矣；雄才出将，军旅之政肃然。以奇用兵，以少败众，将今比古，询事考言，彼四子者，或有惭德。④

---

①《全唐文》卷421杨炎《凤翔出师纪圣功颂》。
②《新唐书》卷136《李光弼传》。
③《读通鉴论》卷22《肃宗》。
④《旧唐书》卷110《李光弼传·史臣曰》。

这话说得好，孙武虽有兵法十三篇传世，但却无具体战迹可言；吴起"杀妻求将"，其品行为人不齿；白起坑杀降卒四十万，其屠夫嘴脸暴露无遗；韩信虽功劳盖世，实际上是个反复无常的小人。而光弼带兵，既有理论，复不乏实践，其个人道德操守，更尤为古良将中的楷模。

最后，让我们以欧阳文忠公对李光弼的评价作本章结尾：

> 李光弼生戎虏之绪，沈鸷有守。遭禄山变，拔任兵柄，其策敌制胜不世出，赏信罚明，士卒争奋，毅然有古良将风。本夫终父丧不入妻室，位王公事继母（按，应为生母）至孝，好读班固《汉书》，异夫庸人武夫者。①

---

① 《新唐书》卷136《李光弼传赞》。

第十七章
光弼现象

在明代进步思想家李贽的《藏书》中"李光弼"标题下，特注明传主为"夷契丹种"[1]。这大概有两层含义：其一，贽亦非汉族人，以之引为荣；其二，在传统的中原汉人王朝内，蕃人为将帅者凤毛麟角，贽颇以为稀罕。其实，在唐代统治者上层中，蕃人出身者车载斗量，故《新唐书》作者特立《诸夷蕃将传》以纪蕃人仕唐之盛。所以李光弼现象，有着广泛的深厚的社会基础。

李唐皇室族出鲜卑的怀疑，早在唐初就有人议论。即使从父系讲为汉人，那么由母系多为鲜卑论，李唐之龙子凤孙则绝对为汉蕃混血种。而光弼家族自谓李陵之后，果如是，若李唐亦确系李陵之祖李广苗裔，则光弼与李唐同祖。即便都不是，由契丹族出鲜卑言，至少从母系看，光弼与李唐依然同种。血浓于水，李光弼为唐室所信任，除"战功第一"

---

①《藏书》卷50《武臣传·大将·李光弼》。

外，是否还有"同宗"的因素在起作用，值得研究。

李光弼所处的时代是继魏晋南北朝民族大融合之后的又一次民族大融合时期①，这是一次分别由内地汉族和蕃区回纥、吐蕃、南诏等四大民族为核心，各自综合与之杂处民族为特征的民族大融合时期。而四大中心尤以汉族同诸内属民族融合最为重要、最富成果和最具代表性。其主要特征表现在以下四个方面：

其一，作为魏晋南北朝民族大融合孕育出来的李唐王朝最少保守传统、最少民族歧视思想。

首先，如前所述李唐君主是由蕃化汉人或汉化蕃人脱胎而来，他们不愿也不可能自我否定去歧视"异类"。虽然他们也讲："中国百姓（按，谓汉人），实天下之根本，四夷之人，乃同枝叶"②，但这只是违心地说说而已，真正目的是通过有意表现出大汉族的民族意识，藉以统治中华民族的主干。因为他们很清楚，若"扰其根本以厚枝叶"，"而求久安，未之有也"。因此，他们反对"自古皆贵中华（按，此谓汉人），贱夷、狄"的传统观念，主张"爱之如一"③，这才是最真实的思想流露。

①当今史学界普遍认为，春秋战国、魏晋南北朝、宋辽金元、清代为中国历史上四次民族大融合时期，笔者认为，中国历史上有五次民族大融合，隋唐五代为其中的第三次，理由另以专著试说，此不详论。

②《贞观政要》卷9《安边第三十六》。

③《资治通鉴》卷198太宗贞观二十年(646)五月。

其次，大唐开国功臣中，多为李渊父子的"编发友朋"①。所谓"编发"，乃"辫虏"的代称，即北朝蕃姓贵族（或称胡汉关陇士族）余裔。如唐初二帝时期的宰相刘文静、窦威、窦抗、宇文士及、高士廉、长孙无忌、王珪等，或族出匈奴，或源自鲜卑，其中有不少人为李渊父子的亲朋故旧。这些汉化蕃人，以及祖上为蕃化汉人的宰相房玄龄等，他们自身就是北朝以来的民族融合的象征，因而他们同主子一样，不愿也不可能自我否定去歧视"异类"。

此外，由于"府兵不堪攻战"②，由于诸蕃接踵内附，蕃酋因军功进身于唐统治者高层的，更大有人在。笔者将武德年间到贞观初年的旨在削平群雄的战争称为早期统一战争，而将贞观四年后迄突厥二十四州起兵反唐前的战争称为大统一战争，此后的战争又大体上可视作平叛和卫边战争（如镇压突厥二十四州之叛、营府契丹之反，如抗御吐蕃、后突厥内寇和抵挡大食东侵，如讨伐安史之乱，等等）。投入这些战争的基本武力，则主要是蕃将蕃兵。这些蕃人，于唐前期充任诸卫大将军者数以百计，专大将之任者，自太宗时始，历朝皆有。他们或被赐姓李氏从而纳入宗室属籍；或享尚主之荣，因而跃升国戚之列；或以殊功封王，由之打破"异姓不王"旧规；或拜行军元帅，由是改变"非亲王莫授"的陈例。

---

①《旧唐书》卷75《孙伏伽传》。
②《贞观政要》卷2《纳谏第五》。

这些作为新的民族融合象征的权贵，因自身刚刚脱胎于"异类"，他们尤其不可能歧视原民族原部落的人。

基于以上原因，唐朝的统治者非但不是中国历史上第三次民族大融合的阻力，而且还是民族融合的促进派。

其二，广设羁縻府州，以使诸内附蕃人休养生息。

羁縻府州又称"蕃州"，《新唐书》撰者鉴于唐代蕃州之重要，特独立专卷以飨读者，其《羁縻州》卷《序》称：

> 唐兴，初未暇于四夷，自太宗平突厥，西北诸蕃及蛮夷稍稍内属，即其部落列置州县。其大者为都督府，以其首领为都督、刺史，皆得世袭。虽贡赋版籍，多不上户部，然声教所暨，皆边州都督、都护所领，著于令式。①

这些陆续设置的蕃人府州，累积所至，共856个，几为内地汉人府州的三倍。其中，突厥、回纥、党项、吐谷浑隶关内道（辖境相当于今陕西秦岭以北，甘肃祖厉河流域、宁夏贺兰山以东和内蒙古呼和浩特以西、阴山狼山以南地区）者，为府29，州90；突厥突利可汗等部及奚、契丹、靺鞨、降胡、高丽隶河北道（辖境相当于今河北全境，辽宁大部和河南、山东古黄河以北地区）者，为府14，州46；西突厥及龟兹、

---

① 《新唐书》卷43下《地理志·羁縻州》。

于阗、焉耆、疏勒、河西内属胡、西域十六国隶陇右（泛指今甘肃陇山、六盘山以西和青海省青海湖以东以及新疆全境和以西地区）者，为府56，州198；羌、蛮隶剑南道（辖境相当于今四川涪江流域以西，大渡河流域和雅砻江下游以东；云南澜沧江、哀牢山以东，曲江、南盘江以北；贵州水城、普安等县以西和甘肃文县一带）者，为州261；蛮隶江南道（辖境相当于今浙江、福建、江西、湖南等省及江苏、安徽长江以南，湖北、四川长江以南的一部分和贵州东北部地区）者，为州51；隶岭南（辖境相当于今两广大部和越南北部地区）者，为州92；又有不知其隶属的党项州24。这些以诸民族首领任世袭都督、刺史的蕃州，虽然大多不向国家上交税收且其户籍不由户部统管，但要服从中央的政令、教化，接受边州都督、都护的押领，并要在册封体制下，向朝廷履行贡纳（变相的象征性赋税）、入觐、充质、"奉唐正朔"、"混一车书"、受遣征讨、为国捍边等诸多封建义务①。

以上是说，羁縻府州同朝廷的关系，是中央同地方的关系，在汉蕃一统之下的蕃州之设，大大促进了诸蕃同内地汉族政治、经济、文化的交流，加速了民族融合的进程，特别是对各民族的休养生息和复兴，起到有力的保证作用。如以突厥降户所置诸府州，在经过十年的安定的生产和生活后，出现了一派兴旺的景象：

①参看拙著《唐代蕃将》第四章（三秦出版社1990年6月第1版）。

年谷屡登，众种增多，畜牧蕃息，缯絮无乏，咸弃
其毡裘，菽粟有余。靡资于狐兔。①

民族大融合，"唐人"共同体的形成，正是建立在诸民族
繁荣昌盛基础之上。

其三，统治者欢迎诸蕃内徙，鼓励汉蕃杂处。

在蕃州建置中，还有数量极多的侨治羁縻府州。因蕃州
系"即其部落列置"，而诸蕃多逐水草而居，且大都"无城邑
之设"，故蕃州"或寓名于夷落"，即随着游牧部落的迁徙而
迁徙，此谓之"行州"。由于朝廷欢迎诸蕃内徙，并鼓励他们
农业定居和与内地汉人杂处，所以在内地出现了一系列的由
行州所置的侨治蕃州。这里以契丹侨治州为例，以见其盛：

玄州。以内徙的契丹曲据部落置，侨治范阳（按，
今河北涿州市）之鲁泊村。

威州。以契丹内稽部落置，侨治良乡（按，今北京
房山区东南）之石窟堡。

昌州。以契丹松漠部落置。侨治安次（按，今河北

①《册府元龟》卷964《外臣部·册封二》。

安次县西）常道城。

师州。以契丹、室韦部落置。侨治良乡之东间城
（按，在今北京房山区东南）。

带州。以契丹乙失革部落置。侨治昌平之清水店
（按，在今北京昌平区西）。

归顺州。本弹汗州，以契丹纥便部置。开元四年
（716）更名归顺州，侨治怀柔县（按，今北京顺义区）。

沃州。析内徙之昌州松漠部落置。侨治蓟之南回城
（按，在今河北安次县北）。

信州。以契丹乙失活部置。侨治范阳（按，今河北
涿州市）境。[①]

青山州。析玄州曲据部落置。侨治范阳之水门村
（按，在今河北涿州市境）。

[①]《旧唐书》卷39,《新唐书》卷43下。按,据《新唐书·张孝忠传》:
乙失活部为奚族部落,故信州似为奚州,姑且存疑。

武则天万岁通天中，契丹酋长李尽忠造反，兵锋达到幽州（治今北京市）等境，朝廷为防止侨州部落卷入叛乱，复迁玄、昌、师、带、信等州于徐（治今江苏徐州）、宋（治今河南商丘）、青（治今山东益都）等州境内。中宗神龙初年，朝廷因李尽忠之乱早已平定，又将这些侨州迁回，隶于幽州都督府。

值得探讨的是，如第三章所述李光弼家族有可能就出自这些契丹侨州部落。李楷洛自称"先族汉校尉（按，即李陵）之裔"[1]；果如是，其姓氏非唐所赐。但在唐以前契丹族姓李者仅有"李去闾部落"[2]。该部于隋开皇初置玄州，寄治于柳城郡（即唐营州，今辽宁朝阳市），"万岁通天二年，移于徐、宋州安置。神龙元年，复旧"，隶于幽州，侨治于"范阳县之鲁泊村"[3]。而《新唐书·地理志七下》则谓玄州是"以[辱]纥主曲据部落置"。按，"辱纥主"即部落首领称号，"曲据"应为李去闾名字之异写，范阳县在今河北涿州市境，唐属幽州。又，楷洛殁后，于肃宗乾元中（758—759）"赠司空范阳大都督"[4]，楷洛祖令节官号"幽州经略军副使"（可能亦为赠官）[5]，均表明李光弼家族极有可能出自契丹李去闾

---

① 《全唐文》卷422《云麾将军府君神道碑》。
② 《旧唐书》卷39《地理志二》。
③ 《旧唐书》卷39《地理志二》。
④ 《全唐文》卷422《唐赠范阳大都督忠烈公李公神道碑》。
⑤ 《全唐文》卷342《李光弼碑》。

部落。此外，从李光弼的表弟李景略的传称"幽州良乡人也"①，可知光弼的外祖父李楷固应来自"侨治于良乡"的契丹威州内稽部落，或师州契丹部落②。

　　以上为与李光弼族出有关的契丹州设置情况。至于以其他内徙民族所置侨州。则数字更为惊人。如京师所在的关内道所置突厥、回纥、党项、吐谷浑都督府29、州90中，绝大多数都是侨置蕃人府、州。像党项州51、府15，就全部为侨置府州；这些蕃州大都散布于距长安只有数百里或千余里的庆（治今甘肃庆城县）、夏（治今陕西靖边县东北白城子）、银（治今陕西横山县东党岔）、灵（治今宁夏灵武县西南）等州境③。又，原在青海地区游牧的吐谷浑部落，还有徙居内地腹心地带并为置州者，如圣历二年（699），吐蕃大贵族论弓仁"以所统吐谷浑七千帐来降"④，这数万众，一部分安置在侨治于银州的党项归德州，另一部分安置于泽州（治今山西晋城市）、潞州（治今山西长治市）一带，并设置侨州；论弓仁碑称，"自公拔身向化，首变华风；泽潞之间，始见戎州"⑤，就是指以吐谷浑在内地置州事。

　　当然，内徙部落中，不置侨州者亦为数不少。最具代表

---

①《旧唐书》卷152《李景略传》。
②《旧唐书》卷39《地理志二》，《新唐书》卷43下《地理志七下》。
③《旧唐书》卷39《地理志二》，《新唐书》卷43下《地理志七下》。
④《资治通鉴》卷206则天后圣历二年(699)四月。
⑤《全唐文》卷227张说《拔川郡王碑》。

性的史例为东突厥降人入居长安者。贞观四年（630），东突厥汗国破灭，其酋帅率众"入居长安者近万家"，因而酋长"皆拜将军中郎将，布列朝廷，五品已上百余人，殆与朝士相半"①。贞观初年，宰相房玄龄承旨对中央官员裁减并省后，文武官员总共只有640人②，而京师当时人口，充其量不过8万户③。这就是说，贞观四年（630）仅东突厥一个民族在朝内任高级武官者，就占中央部门官员的六分之一，和文武大员的二分之一，而突厥上下人等定居长安者，竟居京城总户口的八分之一。

以上说明，唐朝最高统治者非但不搞民族隔离，而且还欢迎和组织诸蕃向内地迁徙，鼓励汉蕃杂处。这种开明的民族政策，甚至旅华的外国人也身受其惠，他们不仅可以在唐娶妻生子，还可以"买田宅，举质取利"，因而多数人"安居不欲归"④。对离华归国者，也并无很多限制，主要规定，"诸蕃使人所娶得汉妇女为妾者，并不得将还蕃"⑤。这大概是为了控制人口外流和看重女人生育本能而制定的特殊政策。总之，由于统治者倡导，唐代汉蕃杂处的情况十分普遍。这为诸民族的交融提供了和谐宽松的环境。

---

① 《资治通鉴》卷193太宗贞观四年（630）五月。

② 《贞观政要》卷3《择官第七》。

③ 《长安志》西市条。

④ 《资治通鉴》卷232德宗贞元三年（787）七月。

⑤ 《唐会要》卷100《杂录》。

其四，汉化和蕃化交错进行。

以往的民族融合多是在汉族同化其他民族的过程中进行，但唐代的民族融合却不完全是这样。在另三大融合中心即吐蕃、回纥、南诏等对其役属的汉人和诸蕃施以吐蕃化、回纥化、南诏化的洗礼之同时，内地的汉人则亦以蕃风胡俗相尚。与之反差巨大的是，内徙诸民族却以能够汉化而引以为荣。

关于另三大民族融合中心同化其他民族的情况，因同这本小书宗旨无涉，姑且不赘。这里就唐代内地汉人蕃化和内徙蕃人的汉化情况谈点看法。

由于蕃人不断内徙，从而给内地汉人社会带来诸多蕃风胡俗。那些祖上为蕃化汉人或汉化蕃人的皇族国戚达官贵人，以其天性与"异类"相通，就率先接受蕃人某些习俗制度。以皇族为例，唐高祖早在太原起兵前，就曾对自己所统军队作部落兵模式的实验：

> 乃简使能骑射者二千余人，饮食居止，一同突厥。随逐水草，远置斥堠，每逢突厥候骑，旁若无人，驰骋射猎，以曜威武。……突厥每见帝（按，谓李渊）兵，咸谓以（似）其所为，疑其部落。有司［引］帝而战者，常不敢当，辟易而去。①

————————

① 《大唐创业起居注》卷1。

时李渊所统不过五千余人，而竟以近半的人马进行突厥化改革，足见其对蕃人兵制向往到何种程度。及至当了皇帝，又迫不及待推行源于西魏部落兵制的府兵制。到了太宗时期，不仅以蕃将蕃兵作为府兵制的补充，而且对蕃人的管理上又"下行可汗事"①。他们不只在唐代的政治、军事制度上加进蕃化因素，在生活习俗上，更雅爱胡风。如太宗早在藩邸时，就曾热衷于同东西突厥酋长结拜香火兄弟②；既为大唐天子，又嗜好胡药，至死不悔。其长子承乾对蕃俗的热爱更到走火入魔的地步，他不但好胡歌、胡舞、胡语、胡居、胡食、胡服、胡髻、胡友，乃至想入非非，要"解发"为突厥，"当一设"③。在婚俗方面，蕃人盛行"妻其庶母、伯叔母、兄嫂、子弟妇"的习俗④。而唐前期的诸帝，对这种原始的婚姻形态。尤其乐此不疲。像太宗纳弟妇杨氏（按，李元吉妃），高宗烝庶母武则天并册为皇后，玄宗公然纳子媳杨玉环为妇，如是不顾人伦的行为，非但当事人不以为羞，朝廷大臣亦熟视无睹，乃至有以之为风流佳话传颂歌讴者。上有所好，下必甚焉，有唐一代，从统治阶层到下流社会，从衣食住行用的物质生活到音乐、舞蹈、美术、体育、百戏等精神生活，

---

①《资治通鉴》卷193太宗贞观四年（630）三月，并见《唐会要》卷100《杂录》。

②两《唐书·突厥传》，《贞观政要》卷6《仁恻第二十》条《注》。

③《新唐书》卷80《太宗诸子传》。

④《新唐书》卷221《党项传》。

无不有蕃化的倾向，从而给汉地文明注入蕃风殊俗——当然更多的是有益的健康的因素。

与汉人蕃化倾向并行不悖的则是内徙蕃人的汉化趋势。这主要反映在四个方面。

第一，婚姻对象上的汉化。迁居内地的蕃人，尤其是那些部落首领和渠率们，有同皇室联姻的，如贞观时期突厥贵族阿史那社尔尚衡阳公主、执失思力尚九江公主、史仁表尚普安公主、阿史那忠尚定襄县主、铁勒贵族契苾何力尚临洮县主；有与汉族门阀士族结亲的，像高宗时代的吐谷浑王子慕容宣彻娶博陵崔氏，参预平安史之乱的吐蕃降裔论惟贤娶太原王氏，凉州胡人李抱真（抱玉族弟）娶荥阳郑氏，铁勒人浑瑊为其子镐聘陇西李氏，等等。这些娶汉妇的蕃人，其子孙后裔血统关系上的汉化则是不言而喻的。

第二，族属地望上的汉化。内徙诸蕃及其首领，被赐姓李氏者，则曰族出陇西，或称李陵之后；改他姓者，则浪托于汉族名王高门。像与李光弼同时的镇国军节度使兼华州刺史李怀让，本突厥人，其父祖姓氏当为天子所赐，可是其墓志却云：

> 盖汉将军［李］陵之后。自五将失道，家留陇山，千年于兹，因引贵族戎帐之下，华风在焉。奕叶相承，

久雄朔北，本枝必复，终茂陇西，公则成纪人也。[1]

东突厥贵族阿史那氏入居京师者，则云其先"克承大禹"，"为夏禹之苗"[2]。铁勒浑氏贵族叙其族出为："其先夏姒之后为淳维，汉刘之代为浑耶。"[3]又，唐初开国功臣武威姑臧（今甘肃武威市）安兴贵、安修仁，其家族本源自昭武九姓或波斯胡人，但他们后人的碑铭却称：

轩辕帝孙，降居弱水，安息王子，以国为姓。[4]

《新唐书·宰相世系表》更据碑志资料诠释曰：

武威李氏，本安氏，出自姬姓。黄帝生昌意，昌意次子安，居于西方，自号安息国。后汉末，遣子世高入朝，因居洛阳。晋、魏间，家于安定，后徙辽左，以避乱又徙武威。后魏有难陀孙婆罗，周、隋间，居凉州武威为萨宝。生兴贵、修仁。至抱玉赐姓李。[5]

---

①《文苑英华》卷951常衮《李怀让墓志铭》。

②《全唐文》卷991《阿史那忠碑》，武伯纶《古城集》（三秦出版社1987年版）。

③《全唐文》卷498权德舆《浑瑊碑》。

④《全唐文》卷230张说《安忠敬碑》。

⑤《新唐书》卷75下《宰相世系表五下》。

所谓"李陵之后"、"夏禹之苗"、黄帝子昌意裔孙云，荒诞不经，本不足论。但这些蕃人在族属地望上的攀龙附凤，则反映了他们业已汉化的史实，透露出他们与汉人已有着共同的民族意识和心理状态。

第三，姓名上的汉化。入居内地的蕃人，通过皇上赐姓名等途径，大都易蕃姓蕃名为汉姓汉名。如太宗、高宗时代的突厥人大将军阿史那泥孰，贞观四年（630）被赐姓名为史忠。颉利可汗子原姓名为阿史那叠罗支，后改史行昌。至玄宗时，仕唐之东西突厥阿史那氏，均改姓史，并易汉名。如史思明，族出阿史那氏，本名窣干，入仕后，改汉人姓名。有唐内徙蕃人中姓李者最多，大都为天子赐姓。像光弼外祖父家族之为李氏，当为使用契丹酋长大贺氏被赐之姓。其他如突厥阿史那思摩、阿布思、舍利葛旃、朱邪赤心（即李克用父国昌）、靺鞨突地稽、茹常、铁勒阿跌光进、回纥鹘嗢没斯、党项拓跋赤辞、拓跋思恭、胡人安元谅、苏毗悉诺逻等等之为李姓，均系皇上所赐。此外，唐代盛行收养异姓人为养子的风气，许多被汉人养为义子的蕃人，则从养父之姓氏。当然，亦有既为汉化之人仍袭用蕃姓者，但他们的蕃姓已非原来意义上姓氏，如吐谷浑慕容氏、吐蕃论氏、铁勒契苾氏和浑氏等等，因其族人早已汉化，其姓氏则演变为汉姓的补充和稀姓。

第四，文化修养上的汉化。入居汉地的蕃人，大都因仰

慕汉族文明而至。所以不少人一到内地，就如饥似渴地从汉
人儒家传统文化中汲取精神食粮，像铁勒契苾部酋长契苾何
力于贞观六年（632）定居长安后，由于潜心攻读汉人典籍，
其言谈居止和汉文化修养连汉族官僚士大夫都为之折服：

> 司稼卿梁孝仁，高宗时造蓬莱宫，诸庭院列树白杨。
> 将军契苾何力，铁勒之渠率也，于宫中纵观。孝仁指白
> 杨曰："此木易长，三数年间宫中可得阴映。"何力一无
> 所应，但诵古诗云："白杨多悲风，萧萧愁杀人。"意谓
> 此是冢墓间木，非宫中所宜种。孝仁遽令拔去，更植梧
> 桐也。①

契苾何力为铁勒仕唐蕃人的第一代。就已具造诣很深的
汉学功底，至其第二代人即长子契苾明时，更是"学该流略，
文超贾、马"：

> 公（按，契苾明）地积膏腴，门标英伟。发言会规
> 矩，动容成楷则。学该流略，文超贾、马。……乃人物
> 之仪表，实衣冠之领袖。……亭亭有千丈之干，其高非
> 易仰；汪汪如万顷之波，其深不可测。有硕学焉，有令
> 问焉。擅班、马之雄辩，蓄灵蛇之雅作；逸气上烟霞之

---

① 《隋唐嘉话》卷中。

表，高名振朝野之际。①

契苾明薨于武则天证圣元年（695），合乃父两代人受中原文明陶冶不过半个多世纪，就已成为汉人"衣冠之领袖"。某些蕃人汉化之深，由是可见一斑。唐代因科举仕途发达，"父教其子，兄教其弟，无所易业，大者登台阁，小者仕郡县，资身奉家，各得其足，五尺童子，耻不言文墨焉"②。蕃人虽然主要靠战功仕进，但因受染于汉人社会重文的风气，大都好读书，习文史，并有"茂才高第"者。如西突厥人哥舒翰"好读《左氏春秋传》及《汉书》，疏财重气，士多归之"③。其子哥舒曜所出七人，"俱以儒闻"。其中哥舒峘，"茂才高第，有节概"，哥舒崿、崝、屺，"皆明经擢第"④。胡人安兴贵、安修仁的曾孙李抱玉的群从兄弟，"或徙居京华，习文儒，与士人通婚者，稍染士风"⑤。其从弟抱真尤为出众，他"幼被儒术，长览太史公、班孟坚书，服从横之言。至于兵法，尤其天性"⑥。以参预平安史之乱，讨仆固怀恩、朱泚、李怀光之叛闻名的铁勒人浑瑊，非惟好读书，且有著

①《全唐文》卷187娄师德《契苾明碑》。
②《通典》卷15《选举三·历代制下》。
③《旧唐书》卷104《哥舒翰传》。
④《新唐书》卷135《哥舒翰传》附《哥舒曜传》。
⑤《旧唐书》卷132《李抱玉传》。
⑥《全唐文》卷784穆员《相国义阳郡王李公墓志铭》。

述传世：

> ［瑊］雅好《左氏春秋》、班氏史，得考父之恭，范宣之让，骠、卫之功略，黄、韩之教化。又尝慕《太史公自叙》，著《行纪》一篇。词不矜大，而事皆明备。[①]

浑瑊才兼文武，四拜副元帅，且真拜宰相[②]。更发人深思的是，唐后期即便是"胡化"最浓的河朔地区，一些蕃人镇帅的子弟也纷纷弃武习文。如成德军节度使奚人李宝臣之子惟简，"好儒书理道"[③]，幼子李铼，"好学多识，有儒者风"[④]。义武军节度使奚人张孝忠之子张茂昭，"幼有志气，好儒书"[⑤]。魏博节度使奚人史宪诚之子史孝章，"好学迁善，秀出侪辈，邺下诸儿号为'书生'"[⑥]。

汉人的蕃化倾向和蕃人的汉化追求，是一对矛盾的两个方面，而两个方面各向着自己的对立面靠近，从而不断地缩短彼此的差距，并最后达到了统一，形成具有共同语言、共同地域、共同经济生活以及表现于共同文化上的共同心理素

---

①《全唐文》卷498权德舆《浑瑊碑》。

②《旧唐书》卷134《浑瑊传》。据《唐会要》卷1，蕃将为宰相者，多为"使相"，惟浑瑊真拜宰相。

③《旧唐书》卷142《李宝臣传》附《李惟简传》。

④《新唐书》卷211《李宝臣传》。

⑤《旧唐书》卷151《张孝忠传》附《张茂昭传》。

⑥《文苑英华》卷915刘禹锡《史孝章碑》。

质的稳定的共同体，这就是唐代的民族大融合，这就是以汉族为主体的唐人共同体建立的基本过程，这就是李光弼现象产生的历史条件。

生活在这样历史大背景下的李光弼，虽族出契丹而却生于京华；虽自小受蕃人家庭薰陶而工于骑射，但又为汉族文化陶冶而熟知文史；虽身为蕃将，却非但不受朝廷歧视反而被信任有加；虽主要活动于内地，但却有蕃化倾向的汉人和汉化追求的内徙蕃人充当其雄厚的社会基础；虽早处大唐盛世而良将难有作为，但晚历安史之乱遂使英雄大器晚成。

正是在这种特定的社会条件下，才成就了像李光弼这样的一代名将。

附表一

李光弼事迹系年表

景龙二年(708)　1岁

出生于京兆万年。生母李（武）氏，契丹别部酋燕国公李楷固女。父楷洛，自称李陵之后，久视元年（700）降于武周政权，授玉钤卫将军，后官至左羽林大将军、朔方节度副使，封蓟郡开国公。兄遵直、遵宜、遵行。

开元元年(713)　6岁

六岁时，"尝抚鹿（尘）而游"（按，谓儿童聚沙游戏），经父教诲后，"遂绝不为童戏"。故史称光弼"幼不嬉弄"。

开元二年(714)—十五年(727)　7岁—20岁

受蕃将之家尚武气氛熏陶，以将门之子"工于骑射"，曾以少年从父征行。并受到良好的文化教育，"能读《左氏春秋》，兼该太史公、班固之学"。

开元十六年(728)—天宝元年(742)　21岁—35岁

开元十六年五月，以门荫授左卫亲府左郎将，历丰州（治今内蒙古五原县西南黄河北岸）、夏州（治今陕西靖边县东北白城子）二都督府长史，不久迁夏州都督府别驾，加朝散大夫。

天宝元年(742)五月—二年(743)四月　35岁—36岁

天宝元年五月二十日，父楷洛薨于怀远县（今宁夏银川市）。光弼遂离职为父守丧，"丁父忧以毁闻，终丧不入妻室"。

天宝二年(743)五月—三载(744)　36岁—37岁

任宁朔郡（治今内蒙古鄂托克旗南）太守。

天宝四载(745)　38岁

加左清道率兼安北都护府都护、朔方行军都虞候。从朔方节度使王忠嗣出白道（在今内蒙古呼和浩特市西北），讨击后突厥残部。

天宝五载(746)　39岁

被河西节度使王忠嗣补河西节度兵马使，加游骑将军，守右领军卫，赐紫金鱼袋，充赤水军使。袭封蓟郡开国公。"忠嗣遇之厚，虽宿将莫能比"。

天宝六载(747)　40岁

十月，光弼建议王忠嗣立重赏，分兵助将军董延光攻取吐蕃石堡城（又称铁刃城，在今青海湟源县西南）。

天宝八载(749)—十载(751)　42岁—44岁

迁右金吾卫将军，充河西节度副使。从安思顺（河西节度使）破吐蕃及招讨吐谷浑，以功加云麾将军、左武卫大将军。

天宝十一载(752)—十二载(753)　45岁—46岁

拜单于副大都护，告别了河西备边的七年生涯。

天宝十三载(754)　47岁

朔方节度使安思顺表奏光弼为朔方兵马使、节度副使，知留后事。但不久因思顺爱其才，欲以女妻之，光弼坚辞"不获免"，"遂托疾罢官"。哥舒翰"异其操，表还长安"。于是光弼"守道屏居，杜绝人事"。

天宝十四载(755)　48岁

十一月九日，禄山反于范阳，并很快攻陷东京洛阳，官军弃守陕州（治今河南三门峡市西旧陕县）。光弼即赴国难，重返"朔方"，官复原职。十二月十二日，叛军大同军兵马使薛忠义寇静边军（在今山西右玉县）。节度使郭子仪令李光弼等迎击，"大破之，坑其骑七千"。又乘胜进围云中（今山西大同）、拔马邑（今山西朔州市）、开东陉关（在今山西代县东北）。

至德元载(756)　49岁

正月，玄宗眷求良将，欲委以河北、河东军事，"子仪荐光弼堪当阃寄"。遂以光弼为云中太守、摄御史大夫，充河东节度副使、知节度事。

二月，加魏郡太守、河北道采访使。二日，率朔方兵五千人东出井陉关（在今河北井陉县西井陉山上）。五日至真定（在今河北正定县），常山郡（治真定）团练兵三千人执守将安思义出降。光弼哭祭不久前为叛军杀害的军民，并优礼安思义，思义建议移军入城，以备史思明。六日，思明二万余骑临于城下。光弼击退叛军，复乘后至的敌步兵五千不备，于九门（县治在今河北石家庄市藁城区西北）全歼之。于是常山郡九县七附官军。

三月二十九日，朝廷以光弼为范阳长史、河北节度使。

四月九日，郭子仪率军至常山，"与光弼合，蕃汉步骑共十余万"。十一日，李郭联军同史思明战于九门城南，思明大败。奔逃赵郡（治今河北赵县），叛军大将蔡希德遁走钜鹿（治今河北邢台市）。十七日，联军克赵郡。光弼进围博陵十日，不拔，遂引兵还恒阳（县治在今河北曲阳县）就食。

五月十五日，李、郭返归常山，思明收拾散卒数万踵其后，于沙河（在今河北行唐、新乐之间）复被击败。禄山命蔡希德统步骑二万人北就思明，又遣亲信牛廷玠发范阳兵一万余人助战。三支叛军五万余人会于常山附近。李、郭以深沟高垒和"疲敌"战术与之周旋。当叛军饥疲沮丧时，遂于二十九日与敌决战于嘉山（在今河北曲阳县东），"大破贼党，斩首万计，生擒四千，思明露发跣足奔于博陵，河北归降者十余郡"。

六月，嘉山大捷后，李、郭建言朝廷："请引兵北取范阳"，"贼必内溃"，"潼关大军，唯应固守以弊之，不可轻出"。但天子求胜心切，不纳光弼"固关无出"之策，致潼关失守，天子播迁，太子收兵灵武，光弼在河北的经营毁于一旦。

七月，太子李亨即位于灵武（今宁夏灵武县西南），为"治兵收京城"，"尽追朔方之师"。八月一日（壬午），李光弼、郭子仪"率所统步骑五万至自河北"。诏以光弼为户部尚书、兼太原尹、北京留守、同中书门下平章事。光弼以景城（治今河北沧州市西景城）、河间（治今河北河间县）二郡士卒五千人赴太原。因"主兵太原"的侍御史崔众"不即交兵"，遂斩之以徇，由是"威震三军"。

十二月，李泌建言肃宗令光弼自太原出井陉、郭子仪自冯翊（今陕西大荔）入河东，以南北"掎角"之势"取范阳"。但其策不为天子所用。

至德二载(757) 50岁

正月，史思明、蔡希德等四路大军共十万围太原。光弼因"麾下精兵皆赴朔方"，以"团练乌合之众不满万人"保卫太原。终以壕垒战、地道战、石炮战出奇制胜，"俘斩万计"。

思明因围城损失严重、"累月不克"而率先退归范阳。

二月十九日，光弼率敢死之士同叛军大将蔡希德决战，"大破之，斩首七万级"。希德遁逃中，军资器械"一皆委弃"。光弼进收清夷（在今河北怀来县）、横野（在今河北蔚县）二军，并"擒贼将李弘义以归"。

四月一日，诏以光弼拜司徒。

十二月十五日，改拜司空兼兵部尚书，封郑国公，食实封八百户。弟光进封范阳郡公。使衙官敬俛招降史思明，但不久思明复叛。

乾元元年（758）　51岁

四月、六月，史思明杀范阳节度副使乌承恩复反，承恩弟乌承玼奔太原，光弼表承玼为昌化王、石岭军使。

八月十一日，与关内节度使王思礼同入朝，"敕朝官四品已上出城迎谒"。十七日，加侍中。

九月二十一日，命李光弼、郭子仪等九节度使讨安庆绪。天子以子仪、光弼皆元勋难统属，"故不置元帅"。

十月，同郭子仪等与安庆绪战于愁思冈（在今河南安阳市西南），"斩首三万级，捕虏千人"。

乾元二年（759）　52岁

正月，史思明发兵十三万救援安庆绪，至魏州（治今河北衡水市冀州区）后按兵不进，并筑坛于城北，"自称大燕圣王"。光弼认为，思明逗留魏州的目的是"使我懈惰，而以精锐掩我不备"。于是建议采用"围魏"而后"拔邺"（即相州，安庆绪所在）之计。但观军容使鱼朝恩"以为不可，乃止"。

二月，因鱼朝恩不用光弼"围魏""拔邺"之计，至给思明以"引兵趣邺"的机会。思明大军去邺城（今河南安阳市）五十里安营扎寨。并采用"昼备之则夜出，夜备之则昼至"和切断官军粮道的战术。

三月，鉴于思明屡绝官军粮道，诸军咸请李光弼以精锐击之。六日，光弼与思明交锋竟日，"思明奔北于百里之外"，光弼"反旆而归，烟尘亘天"，诸将误"以为贼军大至，遂南渡黄河"。及光弼至，"则无见矣，乃归于太原"（《李光弼碑》。按，九节度之溃军，诸书记载与《碑》不同。本书第九章《相州之战》，采《册府元龟》等记载）。

四月八日，还归太原。在官军大溃中，惟光弼和关内节度使王思礼能"整勒部伍，全军以归"。

五月，拜范阳节度使。

七月，代郭子仪为朔方节度使、兵马元帅。因光弼"愿得亲王为之副"，肃宗遂于十七日以赵王李系为天下兵马元帅，光弼为副元帅。光弼以河东骑兵五百人驰赴东都，夜入朔方军，"始至，号令一施，士卒、壁垒、旌旗、精采皆变"。时左厢兵马使张用济与诸将谋逐光弼，光弼"数其罪而戮之"。

八月二十九日，兼幽州大都府长史、河北节度使。

九月，史思明以四路大军南渡黄河。光弼自汴州（治今河南开封市）返归洛阳，并与东京留守讨论御敌策略。二十七日，移军河阳三城（即北中城、中潬城、南城的总称，在今河南孟州市境）。时光弼所统只有二万兵，军粮只可支度十日。是日，思明入洛阳，因"城空，无所得"，退屯白马寺（在今洛阳市东北）南，"筑月城于河阳南以拒光弼"。

十月四日，光弼向兵临河阳城下的史思明表示："尔为逆虏，我为王臣，义不两全。"誓以决死之志与叛军血战。诸蕃汉将领（如白孝德、李抱玉、荔非元礼、郝廷玉、论惟贞、仆固怀恩父子等）为主帅感染，"无不激励"，"咸誓力战"。光弼以"谋后而战""用奇之策"，屡胜思明于河阳三城之下；先后斩敌万余级、生擒近万人，缴获敌人"车资器械粮储数万计"。十二日，光弼奏"破贼于城下"。

上元元年(760) 53岁

正月，进位太尉兼中书令。

二月，光弼攻怀州，思明救之。十一日，与思明大战于沁水之上，"破之，斩首三千余级"。

三月二十九日，大败安太清（叛军怀州刺史）于怀州（治今河南沁阳县）城下。

四月二日，破史思明于河阳西渚，斩首一千五百余级。四日"奏破贼于怀州、河阳"。

十一月，攻围怀州百余日，十九日拔之，"生擒伪刺史安太清及军将杨希文，送阙下"。并"斩贼六七千"。以功进封临淮郡王，累加实封一千五百户。

上元二年（761） 54岁

二月，史思明急于同光弼决战，放出风声说，其"将士皆北人，讴吟思归"。鱼朝恩"信然"，"屡上贼可灭状"。朝旨令光弼速收东都。光弼奏称："贼锋尚锐，未可轻进。"朔方节度使仆固怀恩潜附朝恩"言东都可取"。由是，中使相继，督光弼出师。光弼不得已，于二十三日命依邙山之险布阵。怀恩不听调度，阵于平原。史思明乘官军阵势未定，"悉精锐来战"。于是官军大败，"死者数千人，军资器械尽委弃之"。光弼、怀恩渡河走保闻喜（今山西闻喜县东北），鱼朝恩和神策军节度使卫伯玉奔还陕州（治今河南三门峡市西），郑陈节度使李抱玉亦弃河阳走，"河阳、怀州皆没贼"。

三月十三日，史思明为长子朝义弑，朝义伪即帝位。是日，光弼以失律让太尉、中书令，"固求自贬"。改授侍中、河中尹、晋绛等州节度观察使。

五月五日，自河中府（治今山西永济市西南蒲州镇）入朝。十一日，复拜河南副元帅、太尉兼侍中，都统河南、淮南东·西、山南东、荆南、江南西、浙江东·西八道行营节度，出镇临淮（今江苏盱眙县西北淮水西岸）。

八月十七日，赴河南行营，"在道舁疾而行"。

宝应元年（762）　55岁

正月（建寅月）二十四日，拔许州（治今河南许昌市），擒史朝义所署颍川太守李春；朝义将史参救之，二十六日，败参于许州城下。

四月十四日，至临淮。监军使和诸将以史朝义兵尚强，请南保扬州。光弼认为，"朝廷倚我以为安危，我复退缩，朝廷何望！且吾出其不意，贼安知吾之众寡"！遂径趣徐州（今江苏徐州市），使兖郓节度使田神功进击史朝义，"大破之"。此前朝义亲率大军围宋州（治今河南商丘市）已数月，至是围解。时太子宾客尚衡与左羽林大将军殷仲卿相攻于兖、郓，"闻光弼至"，"惮其威名"，皆罢兵"相继入朝"。十七日，光弼与郭子仪、李光进（光弼弟）等被赐号"宝应功臣"。

五月八日，进封临淮王。光弼在徐州，惟军旅之事自决之，"自余众务，悉委判官张傪"。由是"军中肃然，东夏以宁"。

八月，台州（治今浙江临海市）袁晁起义，"民疲于赋敛者多归之"，"积众至二十万，尽有浙江之地"。时光弼兵少，监军使"请保润州以避其锋"。光弼则亲至前线，坐镇指挥。二十三日，"遣兵击晁于衢州，破之"。

十月二十三日，代宗命诸军分道攻洛阳，诏光弼自陈留（今河南开封东南陈留城）西进。

十一月，所遣麾下大将郝廷玉、田神功等"救仆固瑒（仆固怀恩子）已危之军于瀛莫"。是月，安史之乱平定。

广德元年(763) 56岁

四月七日，光弼奏擒袁晁，"浙东皆平"。时袁晁"聚众近二十万，转攻州县，光弼使部将张伯仪将兵讨平之"。

七月，加实封三百户，通前后凡二千户，赐铁券，名藏太庙，图形凌烟阁。

十月、十一月，吐蕃内寇，陷长安。代宗播迁陕州。诏诸道勤王，"光弼等忌［程］元振居中，莫有至者"。（按，光弼"迁延不至"，实因病魔缠身。）天子以光弼兼东都留守。但因制书未下，光弼"久待命于徐州"。

广德二年(764) 57岁

正月，代宗遣中使赴徐州宣慰。光弼母在河中，密诏郭子仪舆归长安。光弼弟光进，与李辅国同掌禁兵，天子"委以心膂"。"光弼被潜，光进出为渭北、邠宁节度使"。

七月四日，以"疾痢"薨于徐州官舍。二十五日哀问传至长安，"上痛悼之，辍朝三日"。

九月一日，追赠太保。

十一月，谥曰"武穆"。二十七日葬于富平县父茔之东。（其墓在今陕西富平县觅子乡别家堡村西北约一公里处）。

附表二

李光弼家族世系表

（一）父系表

名字	与光弼称谓	事迹
令节	曾祖	左威卫大将军、幽州经略军副使
重英	祖	鸿胪卿兼檀州刺史
楷洛	父	左羽林大将军、朔方节度副使、蓟郡公
遵宜	长兄（？）	仕至将军，先光弼卒
遵直	次兄（？）	仕至将军，先光弼卒
遵行	三兄	仕至将军，先光弼卒
光弼		开府仪同三司、太尉兼侍中、河南副元帅、东都留守、上柱国、临淮王，赠太保，谥"武穆"
光琰	弟	先光弼卒
光颜	二弟	特进、鸿胪卿
光进（字太应）	三弟	累官开府仪同三司、鸿胪卿、渭北节度使、户部·刑部尚书、太子太保，封武威郡王。大历十年（775）薨
义忠	长子	太仆卿
象	次子	太仆卿

名字	与光弼称谓	事迹
彙	少子	左散骑常侍、泾原节度使。元和十年（815）薨。生子男三人，女七人
罕	孙	彙嗣子
黯	孙	景州刺史
承勋	孙	宣宗大中十一年（857）以秦成防御史迁泾原节度使，次年徙岭南节度使
元奕	侄	光进长子。宪宗元和初年，任京西行营兵马使
元憑	侄	光进次子

（二）母系表

姓名	与光弼称谓	事迹
李楷固	外祖	契丹别部酋帅。神功元年（697）降于朝廷，武则天以楷固为玉铃卫将军。久视元年（700），以悉平"契丹余党"殊功，拜左玉铃卫大将军，封燕国公，赐姓武氏
韩国太夫人	生母	楷固女
承悦	舅父	檀州刺史、密云军使
景略	表弟	承悦子。德宗时，官至丰州刺史、兼御史大夫、天德军西受降城都防御使。贞元二十年（804）卒

附录一

唐故开府仪同三司太尉兼侍中河南副元帅都督河南淮南淮西荆南山南东道五节度行营事东都留守上柱国赠太保临淮武穆王李公神道碑铭

昔宗周之中兴也，时则有若方叔、召虎，总师干肇敏之业，南威蛮荆，东截淮浦，以左右宣王，诗人歌之，列在《风》《雅》；我皇唐之反正也，时则有若临淮、汾阳，秉文武忠义之姿，廓清河朔，保乂王室，翼戴三圣，天下之人，谓之李郭。异代同德，今古一时。

公讳光弼，京兆万年人也。

曾祖皇左威卫大将军、幽州经略军副使府君讳令节。祖鸿胪卿兼檀州刺史府君讳重英。父云麾将军、左领左羽林二军大将军、朔方节度副使、蓟郡开国公、赠幽州都督、司空讳楷洛。皆以英果沈勇，累叶将边，憺威稜于幽碣。

公即蓟国公之第四子也，体浑元之正性，秉宏毅之高躅，天予纯嘏，生知礼度，谟谋炳邃，默识冲深，杰出经武之才，郁为兴王之佐。故能东征北伐，厌难康屯，挺草昧不世之功，允苍生具瞻之望。社稷威宝，公之谓欤！

初，天后［天册］万岁中，大将军燕国公武楷固为国大将，威震北陲，有女曰今韩国太夫人，才淑冠族，尝鉴之曰：
"尔后必生公侯之子。"因择蓟公配焉。后果生公。

公年六岁，尝抚鹿（尘）而游。蓟公视而诲之曰："儿勿
更尔。"公振手而起，遂绝不为童戏。未冠，以将门子工于骑
射，能读《左氏春秋》，兼该太史公、班固之学。开元中，起
家左卫左郎将，历丰、夏二都督府长史，寻迁别驾，加朝散
大夫。丁父忧以毁闻，终丧不入妻室。太夫人高明整肃，有
慈有威。公下气怡声，承顺而每竭其力。虽已官达，小不如
意，犹加谯让之责，故能济其勋业。

天宝二年，拜宁朔郡太守。四载，加左清道率兼安北都
护，仍充朔方行军都虞候。五载，充王忠嗣河西节度兵马使，
加游骑将军，守右领军，赐紫金鱼袋，仍充赤水军使。八月，
袭封蓟郡开国公。八载，迁右金吾卫将军，充节度副使，以
破吐蕃及招讨吐谷浑，加云麾将军、左武卫大将军。十一载，
拜单于副都护。十三载，为安思顺朔方节度兵马使。思顺慕
公信义，请为婚姻，公辞不获免，遂托疾罢官。西平王哥舒
翰闻而龊之，奏归京师，遂守道屏居，杜绝人事。

十四载冬十一月，安禄山反范阳，天下驿骚，朝廷旰食，
聿求发虩爥之将，爰统鹰扬之师。明年春正月，起公为银青
光禄大夫、鸿胪卿兼云中郡太守、摄御史中丞、持节充河东
节度支度营田副大使知节度事，仍充大同军使。二月，拜摄
御史大夫、魏郡太守，充河北道采访使。俄除范阳郡大都督
府长史，充范阳节度使。

初，公以朔方马步八千人出土门，其月既望，收常山郡。前是太守颜杲卿暨长史袁履谦杀禄山土门使李钦凑，擒其心腹高邈、何千年。属太原尹王承业不出救兵，杲卿、履谦为史思明所陷，战士死者跆藉于滹沱之上。公亲以衣袂拂去其口上沙尘，因恸哭以祭之，分遣恤其家属。城中莫不感激一心。史思明正围饶阳，驰来拒战，公屡摧陷之。诏拜公兼御史大夫，俾今尚书令汾阳王郭公子仪悉朔方之众，与公合势，南收赵郡，又败之于沙河。夏六月，战于嘉山，大败之，斩获万计。思明露发跣足，奔于博陵，穷蹙无计，归节于禄山。禄山大恐，逆徒几溃。属潼关不守，肃宗理兵于灵武，尽追朔方之师，加公太原尹。公以麾下及景城、河间之卒数千人至。秋八月，拜户部尚书、同中书门下平章事。史思明既有河北之地，与蔡希德悉众来攻，累月不克而退。公自贼逼城，于东南角张帐次居止，竟不省视妻子，每过府门，未尝回顾。是后决遣事务，信宿方归。至德二载，拜司徒。冬十二月十五日，肃宗既还京师，策勋换司空兼兵部尚书，封郑国公，食实封八百户。公弟光进，亦以懋功同制封拜。乾元元年八月，拜侍中。其年冬十月，与九节度围安庆绪于相州。明年春三月，史思明至滏阳，屡绝我粮道。众咸请公简精锐以击之，交锋竟日，思明奔北于百里之外。公反斾而归，烟尘亘天，诸将皆以为贼军大至，遂南渡黄河，公至则无见矣。乃归于太原。是年夏五月，除范阳节度使，寻代汾阳王为朔方节度使。秋八月，充天下兵马副元帅，以数千骑东巡。追兵

马使张用济会于汜水。用济独来上谒，公数其罪而斩之。因
追都知兵马使、御史大夫仆固怀恩，怀恩中夜驰赴，鱼贯而
前，再宿遄至，秋毫不敢犯。公趣河而东，及滑州，闻史思
明已过河，遂迎强旅以至东京。移牒留守及官吏等，悉皆回
避。公独与麾下趣河阳桥城，贼先锋已下倒悬坂。公至石桥，
命秉烛徐行，一夜方达，贼望之不敢近。思明来至城下，请
见公。公于城上谓之曰："我三代无葬地，一身必以死国家之
患。尔为逆虏，我为王臣，义不两全。我若不死于汝手，汝
必死于我手。"将士闻之，无不激励。相持凡八月，思明暴
露，不敢入东京。乾元二年冬十月甲申，贼将周贽悉河北之
众，萃于河阳城北。思明以河南之众，顿于河阳南城之南。
南北夹攻，表里受敌。公设奇分锐，袭其虚而大破贽军，临
阵擒其大将徐璜玉，杀获略尽，贽仅以身免，收军资器械，
不可胜数。思明心悸气索，烟火不举者三日，官军大振。初，
公以为战者危事，胜负难必。每临阵，尝贮伏突于靴中，义
不受辱。至是登城，西向拜舞，因歔欷不自胜。三军见之，
无不泪下。三年春正月，迁太尉兼中书令。其年改元上元。
冬十一月，攻拔怀州，擒其伪节度安太清。二年春二月，统
仆固怀恩自河阳趋河清，与史思明合战于邙山。属风雨晦冥，
王师不利，公收合余军，屯于垣县。遂引过请罪，恳让太尉，
肃宗不能违之。二月，拜开府仪同三司、中书令、兼河中
尹节度使。夏五月十有一日，复拜太尉兼侍中，充河南副元
帅、都知河南·淮南·淮西·山南东·荆南五道节度行营事，

出镇临淮。时史朝义乘邙山之捷，围逼申、安等一十三州，自领精骑，围李岑于宋州。公之将吏皆凶惧，议南保扬州。公谓之曰："临淮城池卑陋，不堪镇遏，不如径赴彭城，俟其东寇，蹑而追之，贼可擒也。"遂趋徐州。因召田神功宴慰，与同寝宿，以宋州之难告。祖道郊外，俾先饮以宠之，分麾下隶于其将乔岫。仍令兵马使郝庭玉与岫犄角而击之，贼遂一战而走。使来告捷，公已屈指俟报，俄而吉语至焉。今上登极，宝应元年夏五月，进封临淮郡王。广德元年秋七月，加实封三百户。通前后凡二千户，赐铁券，名藏太庙，仍图画于凌烟阁。冬十一月，上在陕州，以公兼东都留守，制书未下，久待命于徐州。将赴东都，属疾痢增剧，公知不起，使使赍表奉辞。广德二年秋七月五日己亥，薨于徐州之官舍。初，将吏等问以后事，公曰："吾久在军中，不得就养，今为不孝子矣！夫复何言。"因取已封布绢各三千匹，钱三千贯，鬻麦以分遗将士，众皆感痛不自胜。及公云亡，遂以其布为公制服。庚申，哀问至上都，上痛悼之，辍朝三日。太夫人一恸而绝，终夕方苏。上使开府鱼朝恩就宅敦谕，京兆尹第五琦监护丧事。九月己未，追赠太保。十一月（阙二字）太常议行，谥曰"武穆"。夫人薛国夫人太原王氏，息长子太仆卿义忠，并先公而逝。次曰太府少卿太仆卿象、殿中丞彙等，皆保家克荷，备闻诗礼，无忝燕翼过庭之训。冬十一月廿七日庚申，泣而咨于王母，虔窆公于富平县先茔之东，礼也。

於戏！公以吉甫文武之姿，兼樊仲将明之德，王国多难，

群胡构纷，藉朔方偏师之旅，入井陉不测之地；思明挫锐于
恒定，禄山绝望于江淮；守太原而地道设奇，保河阳而云梯
罔冀；破周贽于温沇，擒太清于覃怀；走史朝义叛涣之众于
梁宋，救仆固瑒已危之军于瀛莫。皆意出事外，虏坠计中。
天下有（阙二字）之（阙一字），国家无赘旒之患。此皆公之
力也。公兄遵直、遵行，仕至将军，息弟光炎，并不幸早世。
次曰光颜，特进、鸿胪卿。皆以将略，见称时辈。季曰光进，
开府仪同三司、太子太保、兼御史大夫、渭北节度使、凉国
公，清识表微，沈谋绝众，刚亦不吐，柔而能立。与公并时
仗钺，分阃（阙二字），凌霄翼圣，既有戴天之功，华原统
师，独闻禁暴之德。方当会同正至，荣曜君亲，入侍黼帷，
峨二貂乎泰阶之上；归联彩服，顿双节于高堂之下。斯欢未
剧，遗恨何居！昔斛律丞相与弟并州，同务烈于北齐；贺拔
行台与兄雍州，亦宣力于西魏，咸称义烈，各懋勋庸，而风
树寂寞，偏隅隘狭。比之我族，事则不侔。真卿昔守平原，
困于凶羯，繄公莅止，获保余生。束带兴居，空想北平之礼；
操觚论撰，敢坠中郎之辞。铭曰：

　　羯胡猖狂，俶扰皇纲。降生临淮，佐我兴王。惟此临淮，
万夫之望。爰初发迹，罔或弗臧。出入忠孝，人伦激昂。其
心铁石，其行珪璋。天宝末造，河朔恇攘。天子命公，经营
朔方。沙河嘉山，我伐用张。思明归节，禄山震惶。潼关勿
帅，丑虏其亡。肃宗有命，大卤于襄。应变如神，凶徒靡亢。
介珪入觐，台座用光。俾公东征，北国是皇。长围邺下，望

入河阳。擒斩渠魁，霆击龙骧。淮濆镇定，徐土翱翔。服田蠖屈，料敌鹰扬。不有神算，畴戡暴强。弟兄同时，秉铖煌煌。方期凯旋，双映旗常。晨趋法座，夕庆高堂。如何不辰，愍此不祥。素辀反葬，白骥踟蹰。箫鼓悲鸣，羽仪分行。万乘致祭，千官送丧。生荣死哀，身殁名扬。渭水川上，坛山路旁。唯余丰碑，突兀连冈。往来必拜，万古沾裳。①

---

①上录又泛称《唐李光弼碑》或《李临淮碑》，颜真卿撰，张少悌行书，唐代宗广德二年（764）十一月刻。碑连额高一丈三尺，广五尺一寸一分，碑文共四十行，每行八十二三字不等，额题"大唐太尉兼侍中临淮武穆王赠太保李公神道碑"。原树于富平县觅子乡别家堡村李光弼墓前，现存富平县文管部门。碑文漫灭，字迹不辨。全文录自《颜鲁公集》卷4、《金石萃编》卷92、《全唐文》卷342。

附录二

《金石萃编·李光弼碑》考证及按语

驰按：《李光弼碑》，宋人陈思《宝刻丛编》，明人赵崡《石墨镌华》、于奕正《天下金石志》，清人毕沅《关中金石记》、鲁泉《汉唐存碑跋》、王昶《金石萃编》、孙星衍、邢澍《寰宇访碑录》、毛凤岐《关中金石文字存逸考》，以及《陕西通志》《西安府志》等，均有著录。现将《金石萃编·李光弼碑》所附赵崡等题跋和王昶案语辑录于后。

张少悌书在当时不大知名，而此碑殊劲拔清圆，深得右军行草遗意，惜残缺不完，且于李公中兴伟略不得一一证之唐史耳。（《石墨镌华》）

右《李光弼碑》，颜真卿撰，张少悌书。按史，光弼营州柳城人，父楷洛，为契丹酋长，武后时入朝。而《碑》云京兆万年人，父楷洛，蓟郡开国公。未尝言契丹酋长也。《地理志》：柳城郡于万岁通天元年为契丹所陷，开元五年还治大都督府。楷洛于武后时入朝，柳城陷未久，不应即为酋长，既陷，后又安得入朝也。或以入朝后附籍京兆，而酋长之说，鲁公为临淮讳故，并其旧籍而逸之耶？史云楷洛赠营州都督、谥"忠烈"。《碑》云赠幽州都督而无谥。又云兄遵直、遵沂，

弟光琰、光颜、光进，子义忠、彙。而史但称光进与彙，详
贵也。夫临淮虽与汾阳齐名，战功尤为中兴第一，如斩侍御
史崔众，赏郝廷玉之裨将援矛者，壁野水渡还军以避李日越
之劫，其胆识出诸将上，碑共略之。颜公笔弱，不能如司马
子长韩、彭诸将传，使千载下须眉如见也。（《金石后录》）

　　按：此碑间段缺泐，赖《颜鲁公集》刻此文，可以校补。
碑无立石年月，文云"广德□年□七月五日己亥薨"，而
"年"上泐一字，颜集作二年。据《通鉴》目录是年七月丙申
朔，则己亥是四日，非五日。然推其前，五月为丁酉朔。若
五月小尽，则六月为丙寅朔，再小尽。七月为乙未朔，五日
正是己亥，与碑合。或《通鉴》有误文也。则碑当立于广德
二年，与《鲁公集》合矣。《新唐书》称光弼营州柳城人，碑
作京兆万年人。《宰相世系表》云：柳城李氏本奚族，不知何
氏，至宝臣为张锁高养子，冒姓张氏，后赐姓李氏。《表》末
云：李氏三公七人、三师二人，柳城李氏有光弼。而于《表》
内不书光弼名，且《碑》所载曾祖令节、祖重英、父楷洛皆
不在《表》内，所未详也。《光弼传》不载曾祖、祖，惟云
"父楷洛，本契丹酋长，武后时入朝，累官左羽林大将军，封
蓟郡公。吐蕃寇河源，楷洛率精兵击走之。初行，谓人曰：
'贼平，吾不归矣！'师还，卒于道，赠营州都督，谥曰忠
烈。"所载官位与《碑》不同。然楷洛自契丹入朝，则居万年
者，自光弼始矣。《传》所叙光弼事迹，大较与《碑》同。其
不同者，《碑》云"朔方马步八千人出土门"。《传》作五千

人。《碑》云"以数千骑东巡，追兵马使张用济"。《传》云"以河东五百驰东都"。《碑》云"贼将周智"。《传》作"周贽"。《碑》云"尝贮伏突于靴中"。《传》云"纳刀于靴"。刀有伏突之名，未有所考。《碑》云"围逼申、安等一十三州"。《传》作"申、光"。《唐书·地理志》："申州义阳郡，安州安陆郡，光州弋阳郡，同属淮南道。"不能定其孰是也。又，《传》云："浙东贼袁晁反台州，建元宝胜，以建丑月为正月，残剽州县。光弼遣麾下破其众于衢州。广德元年，遂禽晁，浙东平。诏赠实封户二千，与一子三品阶。"《碑》但书"增户二千"，余俱不载。又《传》云："吐蕃寇京师，代宗诏入援，光弼畏祸，迁延不敢行。及帝幸陕，犹倚为重，数存问其母，以解嫌疑。帝还长安，因拜东都留守，察其去就。光弼以久须诏书不至，归徐州收租赋为解。帝令郭子仪自河中辇其母还京。二年，光弼疾笃。"此事《碑》多泐文，鲁公刻集又多漫漶，赖《传》得其详也。《碑》不书薨年若干，《传》云"五十七"。《碑》称：长子太仆卿义忠，先逝，次太府少卿、太仆卿象，次殿中丞彙等，"皆保家克荷"。《传》惟载"彙有志操，廉介自将。从贾耽为裨将，奏兼御史大夫"。不云其官殿中丞也。《碑》云公兄遵宜、遵行，弟光允（炎），皆早世，次曰光颜，特进鸿胪卿，季光进，亦以茂功同制封拜。光进附见《光弼传》，云："字太应。初为房琯裨将，将北军战陈涛斜，兵败，奔行在，肃宗宥之。代宗即位，拜检校太子太保，封凉国公。吐蕃入寇，至便桥，郭子仪为副元

帅，光进及郭英乂又佐之。"《传》载光进官与《碑》同，而
《碑》有"兼御吏大夫、渭北节度使"，《传》所无也。《碑》
云："天后万岁中，大将军燕国公武楷固为国大将，威震北
陲。有女曰今韩国太夫人，才淑冠族，尝鉴之曰：'尔后必生
公侯之子'，因择蓟公配焉。后果生公。"是光弼之母武氏也。
《传》则云"母李，有须数十茎，长五寸许，封韩国太夫人"。
是以其母为李氏矣！疑子为李氏，不应母与同姓，史误显然。
《碑》云"窆公于富平县先茔之东"。是其先茔在富平也。
《传》则云"［母］死葬长安南原"。皆《碑》《传》之互异
者。《碑》云真卿其"守平原"，"繄公莅止，获保余生"。以
《唐书·颜真卿传》证之：真卿出为平原太守。安禄山反，真
卿募勇士得万人。禄山遣其将李钦凑、高邈、何千年等守土
门。真卿从父兄常山太守杲卿，与长史袁履谦谋杀钦凑、擒
千年送京师。土门既开，十七郡同日归顺，共推真卿为帅。
即《碑》云"公以朔方马步八千人出土门"云云，语皆合也。
（《金石萃编》卷92《李光弼碑》王昶按语）

附录三

云麾将军李府君神道碑

斗极之下曰幽都，其气骨立，其风精悍。常山之下曰涿野，其镇碣石，其神蚩尤。海岳回抱，府君出焉；云龙感召，府君感焉。惟天永保唐运，故府君来朝，克生保臣，辅宁大业。坐中台者二子，铭鼎萧者六朝，当国宣九合之勋，升堂有八元之族。

府君讳楷洛，先族汉校尉之裔也。世居其北，遂食坚昆之地，实主崆峒之人；大为王公，小为侯伯。其精薄日月，其动破山川。厥后东迁，复为鲜卑之右。

府君英明淳浑，神踊天飞。威严生介胄之容，魁岸本山河之状。双舞长剑，左盘珊戈。虎啸于穷溟，云从于大泽。有沉谋以忠中国，有长技以服诸戎。天子闻而思之，密命奇士，要之信誓。君子曰："井谷不可以游龟龙，蚁垤不可以栽松柏。"淮阴去楚，百里绝虞；尚父从周，乐生归燕。此必精合于王霸，魄见于祥符；宜乎万方而趋，一言而感矣。是年冬，府君与帐下骑士言曰："吾乃祖本汉将，辱于单于之庭，而今千年大耻。壮士当建功大国，上驾真龙，曷有遇风雨而泥蟠，无卷舒以蜿变！"由是奋跃辽海，翻飞上京。

其来也戎羯生忧，其至也幽燕罢警；上御前殿，庭列千官，钟石毕陈，君臣相贺。始问其姓，因赐以家族，特拜玉钤卫将军。先赐以大弓文马，又拜左奉宸内供奉，升玉堂，湌沆瀣矣。

帝曰："余欲成幽都，殪死市。"乃命府君为朔方讨击大总管。于是云麾铁骑，川动地踊，左饮青海，北登狼山。帝曰："余欲宅嵎夷，破鸭绿，击靺鞨，俘林胡。"乃命府君兼幽州经略使。于是间榆关，横障塞，三以奇伏，五以胜归。帝曰："余欲军北方之野。"乃命府君为清〔夷〕军〔使〕。于是敌也无气焰之作，士也无踊跃之劳。帝曰："余欲护坰牧之使。"于是凭列走队，法掩亭院，神螭水瑞，孔阜充硕。帝曰："余欲书日月之常，教熊罴之旅，咨尔职典彼朔方。"复命府君为节度副使。于是镇之以德，宣之以威，师和年丰，罔或不若。帝曰："余欲配勾陈之位，养死事之孤。"乃命府君为左羽林将军。于是蓬头射声，上贯牛斗。帝曰："余欲屠石堡。"畴其代谋，佥曰府君。乃命左中权，发大号。于是元黄洒血，玉石俱摧。载初中，"两蕃"不庭，有诏府君寻盟旧国。单车从汉，二憾来同。戎狄变心，惧我为患，乘主客之势，合豺狼之凶，甲兴于门，车结其外。府君复为死地，甘为国羞，仰而腾驹，若与神遇，横跳出于虎口。伏念叹于龙颜，的卢之师，恶可喻也。吐蕃之寇河源，冲下凭突，矢石交作。府君以精骑一旅，济河之南，万火燎于他山，三军出其间道，惊寇四溃，重围自解，加灶之奇，孰云多也。

初，府君将赴征西，谓所亲曰："余往必克敌，殆不能归。"及班师献捷，殁于中路。明达人之委，顺君子之终，邓公之勇，曷其智也。至若秉季布之然诺，法穰苴之政教，动于军志，举合吏能，奇谋绝于揣摩，故事留于风俗。神对历象，精合晦明，勤道不形，进而人莫见也。为政以德，宠而久弥尊也。始自天后之末，至于圣皇之朝，前后录功凡二十四命，食邑二千七百户，封蓟郡开国公，又加云麾将军。参定国者两朝，拖侯服者四纪，会兵车者百胜，出帐下者千人；国有事，未尝不勤劳无私，可谓知礼。故得大命三锡，重侯累封，辒车山元，藏于太室。壮图未极，沉疾生劳，临合浦之秋，伏波将老；望河源之道，征虏不归。其年某月日，薨于灵州怀定（远）县之师次，享年六十有七。追赠营州都督，赙物三百匹、米粟三百石。以明年某月日，诏葬于富平县檀山原，礼也。

夫人某郡都鸿胪卿某之女，异气祥合，高门郁兴，卜邻也钟鼎再悬，受禄也夔龙在席。元子太尉临淮郡王兼侍中光弼，河图钩合，上感神精，磅礴于阴阳之和，同符于元命之纪。次子将作监光彦，气含精劲，仁服孝慈，列侯于千石之家，从事于四方之志。少子太保光进，命世忠义，纵横知略，天之辰象，物之粹灵。乾元中，太尉以东诸侯三会于河，再駷骜济于淮海。天子美齐桓之志，系凡蒋之盟，以府君炳德丕赫，积流仁庆，追考功绩，发于简书，谥曰"忠"。累有褒赠，号韩国夫人。于是建庙堂，命宗祝，室有山龙之服，飨有金石之和，昭宣令图，焕然铭篆。以炎掌史之官也，奉命为词。徘徊大名，颂耿弇有终有庆；慷慨观德，美张仲为子为臣。铭曰：

茫茫上天，下降狼星。崆峒之野，焜耀其形。於赫巨唐，风雨是经。矧伊本邦，曷不来庭。煌煌府君，为国之翰。从顺干戎，威雠剿乱。阴刚萃灵，渤碣精悍。（阙四字）志不可玩。绵绵塞草，天地之下。北拒狼山，野无胡马。殊勋大绩，玉剑元社。天空武库，海折昆仑。在昔遗庆，鲁之臧孙。曰圣在天，勤于至道。既命太尉，亦崇太保。一门四龙，三作元老。赫赫元老，气合清贞。白发垂冕，高堂有亲。帝命韩国，胙于夫人。亦诏蓟邱，下宠明神。左凿贞石，垂于将来。矧我洪勋，上悬云台。彼邱之颓，此泽之堆。悠悠令德，万古不回。

附录四

唐赠范阳大都督忠烈公
李公神道碑铭

秦霸也，张禄去魏；汉兴也，淮阴离楚。龙鸣风雨之会，蛇变泥蟠之中，逶迤感通，精气相合；斯冥契也，岂人力也。

皇唐赠司空、范阳大都督李公讳楷［洛］，其本出于陇西。八代祖节，后魏雁门太守。燕齐之乱，族没鲜卑，东迁号良将之家，北部实大人之种。其生渤碣，其居戴斗，海塞回抱，兴公之气，天星下直，为国之祥，英气混茫，熊据龙骧。望其形得山河之状，睹其容见金鼓之威，神明为徒，义勇为器。

久视中，以骁骑岁入于辽。西临太原，南震燕赵；云火照于河上，天兵宿于北门。朝廷忧之，有命招谕。合以信誓，际于天人，话言感寤，抚剑叹息。是岁以控弦之士七百骑垂橐入塞，解甲来朝。以其本枝，复赐李氏。授玉钤卫将军，左奉宸内供奉。图形云阁之中，置酒蓬莱之上。君臣相贺，羽卫生光。君子曰："井谷不可以游龟龙，蚁垤不可以戴（栽）松柏。"汉于是始靖，虏于是始忧。

是后殪鞁韃于鸭绿之野，覆林胡于榆关之外；北出障塞，怀其王庭；南救河源，复其死地；石堡之役，以一旅定三军；

冷陪之师，以虚声破精劲；东封之岁，外将天军；河湟未宁，西护监牧。云麾铁骑，山动地踊。右据青海，北登狼山。冰泮则会师，风高则出塞；皇威振于四海，王化敷于无外。故得大命三锡，天马辂骖，定国难者两朝，拖侯服者四纪，会兵车者百胜，出帐下者千人。国有事，未尝不勤劳无私，可谓知礼。

於戏！天道暧昧，胡星未殒，以营平之年，不终大用，以伏波之病，再出穷荒。天宝元年五月二十日，自河源薨于怀远县之师次，春秋六十七。赠营府都督。明年，诏葬于富平县坛山原。

维公智之大窦，神之异门，心和体刚，虑远精彻，思乎耳目之外，行乎变化之中，震乎戎獯，啸叱风云，貔虎之悍以礼成，百万之强以谋胜。故鲜卑因之，以疲中国，天后取之，以空大漠。于中宗开朔方之地四百里。于睿宗食佐命之邑三千户。于元宗则主禁卫，吞诸戎，东西南北，动罔不克。御戎安边，凡十命焉，祚于后也。

元子太尉、中书令、东都·河南·江淮等道副元帅、临海（淮）郡王光弼，少子太保、御史大夫、渭北鄜坊等州节度使、武威郡王光进，负河图以列四星，遇英主而当三杰。肃宗之功复区宇，更为桓、文，今上之道训华夏，并为召、毕。乾元中，天子以公炳德丕赫，积仁流庆，大福再成，没而不朽，乃命太常追考功绩，谥曰"忠烈"，赠司空、范阳大都督，夫人赠号韩国夫人。于是建庙堂，命宗纪，室有山龙之服，乐有钟石之和。昭宣令图，是有铭篆。铭曰：

茫茫上象，降精于北。是生纯臣，其在异国。矫矫府君，蔚其英灵。蛇蟠北极，鹏化南溟。来于本邦，会此天庭。风驱虎旅，昼食狼星。绵绵塞草，天隔华夏。北拒阴山，野无胡马。殊勋大绩，玉剑元社。天摧武库，海折昆仑。在昔遗庆，惟鲁臧孙。曰圣在天，勤于至道。既命太尉，又崇太保。一门四龙，二作元老。赫赫元老，气含清真。白发重冠，高堂有亲。帝命韩国，胙于夫人。亦诏蓟邱，下宠明神。彼邱之榛，此石之磷。悠悠令德，万古清尘。①

---

①以上为二《李楷洛碑》。前碑系杨炎任史官时奉命为词，疑刻于唐代宗大历初年，现不知存于何处。后碑刻于唐代宗大历三年（768）三月，亦杨炎撰文，史惟则隶书，额题篆书。楷洛墓位于涀区，封冢淤于地下，仅碑额露于地表。后碑全文见《八琼室金石补正》卷62、《全唐文》卷422。据两《唐书·杨炎传》称：炎撰《李楷洛碑》，"辞甚工，文士莫不成诵之"。德宗在东宫时，将其"置于壁，日讽玩之"。后来杨炎因是拜相。

唐代蕃将考论

史道德的族属、籍贯及后人

宁夏固原博物馆于《文物》1985年第11期上发表了《宁夏固原唐史道德墓清理简报》，结语中据墓志"其先建康飞桥人"的记载，推测"史道德可能是昭武九姓中史姓胡人的后裔"。时隔一年，赵超同志的文章《对史道德墓志及其族属的一点看法》（载《文物》1986年第12期）对胡人后裔说提出质疑，认为"史氏汉姓各分支中，也有祖籍河西建康的一支"，意谓史道德乃十六国时期流寓凉州的汉人史淑的后裔。又两年之后，罗丰同志的文章《也谈史道德族属及相关问题——答赵超同志》（载《文物》1988年第11期），不同意赵文的意见，进一步肯定了简报作者关于史道德族属的基本看法。拜读上述三篇文章，颇受启发，为使讨论深入，不揣冒昧，更提出第三种意见，以就教于简报作者和赵、罗等同志。

史道德究竟为何民族出身，《旧唐书》为我们提供了重要的线索：

> 史宪诚，其先出于奚虏，今为灵武建康人。祖道德，

开府仪同三司、试太常卿、上柱国、怀泽郡王。父周洛，为魏博军校，事田季安，至兵马大使、银青光禄大夫、检校太子宾客、兼御史中丞、柱国、北海郡王。①

“世为魏博将”并于长庆二年（822）乘乱夺帅的史宪诚，诸史籍对其先出于奚族的记载均明确无误。②如果《旧唐书》所记宪诚之祖——怀泽郡王史道德即墓志所述兰池正监史道德，问题就不言自明。且看墓志：

公讳道德，字万安，其先建康飞桥人氏。……远祖因宦来徙平高，其后子孙家焉，故今为县人也。曾祖度，河、渭、鄯三州诸军事；祖多，随（隋）开府仪同左卫安化府骠骑将军。……考皇朝正议大夫、平凉县开国侯……［道德］起家东宫左勋卫。……总章二年，拜给事郎，迁玉亭监。……又龙朔三年，诏除兰池监。……以仪凤三年三月十九日遘疾，终于原州平高县招远里之私第，春秋六十六。……嗣子文瓌等痛乾荫以将倾，恐山移于有力，庶图玄石，式播清徽，乃作铭云（以下

①《旧唐书》卷181《史宪诚传》。

②《新唐书》卷210《藩镇魏博·史宪诚传》；《资治通鉴》卷242等史籍均谓宪诚“其先，奚人也”。

略)。①

以兰池正监史道德与怀泽郡王史道德的事迹对照，两者小同大异。小同，谓籍贯同中有异；大异，指二人在官职、子嗣名等方面存在着很大差别。然而，透过小同大异的现象，我们不仅可以求索出两个史道德的潜在联系，且必然会作出两者实为一人的判断。

关于籍贯。唐代贵门第出身，盛行浪托攀附之风。"言李悉出陇西，言刘悉出彭城，悠悠世胙，讫无考按，冠冕皂隶，混为一区"。②如武周时代归降朝廷的契丹酋长李楷洛（李光弼父)，本"柳城（今辽宁朝阳）李氏"③，却杜撰郡望云"本出于陇西"，并自谓"吾乃祖本汉将（按指李陵)，辱于单于之庭"④。像唐初名将阿史那忠，本东突厥"特勤"（王子)，却自称"有夏之苗裔"——冒认华夏远古帝王大禹为先人，以"代人"一变而为"京兆之万年人"⑤，本人及子孙后人的姓氏都简化为"史"⑥。诸如此类的族望、郡望乃至民族

①《唐给事郎兰池正监史府君墓志并序》，载《文物》1985年第11期《宁夏固原史道德墓清理简报·附录》。

②《新唐书》卷95《高俭传赞》。

③《新唐书》卷75下《宰相世系表》。

④《全唐文》卷422杨炎《唐赠范阳大都督忠烈公李公神道碑铭并序》《云麾将军李府君神道碑》。

⑤昭陵博物馆藏《阿史那忠墓志》。

⑥《元和姓纂》卷6《六止》。

心理的汉化变迁，自北朝迄隋唐，乃是一种司空见惯的社会现象①。因是，《旧唐书·史宪诚传》中籍贯建康说，《史道德墓志》里谓先人史鱼、史丹云云，均不足信。但是，撇开这些附会不论，仍有蛛丝马迹表明两个史道德有同一籍贯。《史宪诚传》云"今为灵武建康人"，曰"建康"为浪托，而曰"灵武"又何指？按，唐代灵武（今宁夏灵武西南）属关内道，建康（今甘肃高台南）属陇右道，两者相距千里，风马牛不相及。而《史道德墓志》谓"今为"平高县人，平高（今宁夏固原）为原州治所所在，灵武与原州同属关内道，彼此相近。然而，就战略地位言，灵武远较原州优越。天宝十五载（756），太子李亨为避安禄山之兵，先至平凉（即原州）逗留，大臣相与谋曰："平凉散地，非屯兵之所，灵武兵食完富，若迎太子至此，……南向以定中原，此万世一时也。"②不久，李亨即位灵武，并以此为唐室中兴基地，卒平安史之乱。又，在乾元（758—759）之后，凤翔以西，邠州以北，数十州湮没于吐蕃的情况下，灵武作为"关中之屏障"，"河

---

① 参看冯承钧：《唐代华化蕃胡考》，《东方杂志》1930 年 27 卷 17 期；（日）桑原骘藏著、王桐龄译：《隋唐时代西域归化人考》，《师大月刊》1935 年 22、26、27 卷；何建民：《隋唐时代西域人华化考》，中华书局，1939 年；姚薇元：《北朝胡姓考》，科学出版社，1958 年；马驰《唐代蕃将》，三秦出版社，1990 年。

② 《资治通鉴》卷 218 唐肃宗至德元载六月。

陇之嗓喉"，犹为唐守，"窥伺者未敢争"①。唐后期有不少蕃
将附籍灵武（如康承训、何进滔等），大概也正是基于"人
杰"附会"地灵"的心理原因。怀泽郡王史道德裔孙宪诚之
所以在籍贯上冠以"灵武"，也很可能是出于攀附地望的世俗
观念。而更重要的原因，是其祖上曾于此长期为官。史道德
终官兰池正监，监"因地为之名"②。由是推之，兰池正监是
主管兰池牧场的马政官。从神龙三年（707）以突厥降户所置
兰池都督府"隶灵州都督府"③，可知兰池监牧当在灵州境
内。事实上，就在灵州治所灵武城附近，早在汉代即以有国
家牧场驰名④。史道德于龙朔三年（663）"诏除兰池监"，除
中间一度徙玉亭监，至仪凤三年（678）病卒，其官职经久未
变。这就是说，其官宦生涯基本上是在灵州度过的。唐代不
乏这样的史例：某人久在某地为官，其本人或子孙往往自报
门户为该地人，且以该地为本人的代称。怀泽郡王裔孙史宪
诚籍贯"灵武"，正是因为其祖上长期在灵州为官，这正可说
明怀泽郡王史道德就是兰池正监史道德。然而，史宪诚的真
正籍贯既不是灵武，也不是建康，而是原州平高县。关于这
点，《史孝章碑》中有所反映。宪诚子孝章以39岁卒于开成三

---

① 《旧唐书》卷196上《吐蕃传上》；《读史方舆纪要》卷62《陕西十
一·宁夏镇》。

② 《新唐书》卷50《兵志》。

③ 《新唐书》卷43下《地理志七下》。

④ 《读史方舆纪要》卷62《陕西十一·灵州城》，中华书局，2005年。

年（838），刘禹锡应孝章未亡人崔氏之请为之撰碑，碑铭曰：

> 斗极之下，崆峒播气。钟于侍中，孔武且贵。奉上
> 致命，宜昌后嗣。仆射承之，良弓不坠。①

所谓侍中，为宪诚生前带职；仆射，为孝章死后赠官。侍中、仆射分别为宪诚、孝章父子的代称。所谓"崆峒播气，钟于侍中"，"仆射承之"，是说崆峒山的风脉好，造就了像史宪诚、孝章如斯人杰。崆峒云何？据《元和郡县图志》记，原州平高县西一百里有山曰"笄头山，一名崆峒山"，传为黄帝谒广成子学道之处②。有趣的是，《史道德墓志铭》中亦有"重构崆峒"云云。两个史道德的地望如此一致，足证二人实为一人。籍贯附会建康亦好，灵武亦好，但万变不离其宗，归根结底还是原州平高人。

关于官封。唐代牧监按牧马多少分上、中、下三等，上牧监的官品为从五品下，中牧监正六品下，下牧监从六品下，"诸牧监掌群牧孳课之事"③。史道德既授兰池正监，其官职充其量也超不过从五品下。可是，《史宪诚传》中的史道德的官封阶品却为开府仪同三司（文散官从一品）、试太常卿（虚

---

①《全唐文》卷609刘禹锡《唐故邠宁庆等州节度观察处置使朝散大夫检校户部尚书兼御史大夫赐紫金鱼袋赠右仆射史公神道碑》。
②《元和郡县图志》卷3《关内道·原州平高县》，中华书局，1983年。
③《唐六典》卷17《太仆寺》。

职正三品)、上柱国(视正二品勋官)、怀泽郡王(从一品爵位)。既然两个史道德实为一人,而其生前与身后的官封阶品的差别竟如此之大,这又应作何解释?对此,《史孝章碑》透露了答案:

> 仆射名孝章,字得仁。本北方之强,世雄朔野。其后因仕中国,遂为灵武建康人。曾祖道德,赠右散骑常侍,封怀泽郡王。[①]

一个"赠"字表明了史道德的官职为殁后追赠,郡王亦为追封。按,唐朝例行子孙贵显后以朝命追赠其先人官封的制度,史宪诚为河朔割据藩镇中最跋扈的节度使之一,天子力不能制,只得忍耻含垢,对其姑息笼络,除对宪诚接踵加官晋爵,并不惜虚名高位追封其先人。宪诚子孝章一反乃父所为,唯朝命是从,天子为嘉奖其"忠节",在累授其三镇节度的同时,更免不了在封赠其先人官爵上大作文章。因此,史道德生前虽仅为从五品以下的官吏,但卒后百年,竟以裔孙飞黄腾达,获致身后殊荣。又,史道德墓清理简报中曾提出墓主人的丧葬形制的"僭越行为":"唐代初期,丧葬制度比较严格,往往只有皇室贵族、勋臣名将才能修建多天井的

---

①《全唐文》卷609刘禹锡《唐故邠宁庆等州节度观察处置使朝散大夫检校户部尚书兼御史大夫赐紫金鱼袋赠右仆射史公神道碑》。

墓。但史道德只是一个八品给事郎，任兰池正监的马政官，其墓葬居然有七个天井。……这是一种僭越行为，还是另有别的原因，值得探讨。……随葬品似乎与其墓葬形制一样超出史道德的身份。这反映了什么问题，也值得注意。"这个问题提得好，但答案很简单：史道德墓为墓主人追赠官封后的改葬墓，二次葬时，既已升格为"郡王"，当然要按照"皇室贵族、勋臣名将"的规格修建多天井的坟墓，随葬品亦自然要反映死者的高贵身份。只是由于改葬时仍保留初葬时的墓志，由于怀泽郡王史道德即兰池正监史道德这一事实还不清楚，史道德墓的"僭越行为"难免令人大惑不解。

关于子孙后裔。《旧唐书·史宪诚传》谓道德子周洛，而《史道德墓志》则曰"嗣子文瓌"。说后者为道德之子当然无可怀疑，而谓周洛为道德之子则大有问题。传称周洛"事田季安"，由魏博军校至兵马大使、北海郡王。按，田季安初任魏博节度使的时间是在贞元十二年（796），至元和七年（812）卒，任魏博镇帅十六年①。周洛既为田季安部将，自然与季安为同时代人。而这个时代上距史道德卒年（678）百余载，周洛焉能为道德之子！还有，《新唐书·史宪诚传》云"三世署魏博将"。所谓"三世"应指宪诚祖、父和本人。如果说如同《旧唐书》宪诚本传所云道德为其祖，则意味着高宗时代的道德就已署魏博将，这绝无可能。因为在当时根本

①《唐方镇年表》卷4《魏博》。

不存在魏博藩镇。这就是说，在道德和周洛之间当至少还有一世。笔者试作这样一个假设：武则天晚年，朝廷为讨伐"两蕃"（契丹和奚）的需要，从关内等道调发军队，道德子文瓛由是从军到河北道。及至数十年后安史之乱发生，文瓛又隶田承嗣参与反叛。乱平，朝廷姑息叛党，田承嗣因擢魏博节度使，文瓛遂为魏博牙将。其后，子周洛、孙宪诚等又继为魏博将校。如果这一假设能成立，则可纠正《旧唐书·史宪诚传》和《史孝章碑》中关于史道德世系的漏记。又，周洛还有次子宪忠，会昌至大中年间（841—860）累擢泾原、朔方、振武等镇节度使，军声政绩颇佳①。再，孝章有子名焕，"生七年而孤"②。综上，平高史道德一族的世系可列表如下：

$$
度—多—?—道德—文瓛—周洛—\begin{cases}宪诚—孝章—焕\\宪忠\end{cases}
$$

关于远祖何时徙籍平高。墓志仅云"远祖因宦来徙平高"，而远祖为谁，又于何时不远数千里由东北徙家西北，这简直如大海捞针，难以寻踪觅迹。笔者姑且作如下两点推测：

其一，贞观初年随东突厥降户徙家。据史籍记载：

　　贞观六年，[于原州萧关] 置缘州，领突厥降户，寄

---

①《新唐书》卷148《史孝章附叔宪忠传》。
②《全唐文》卷609刘禹锡《唐故邠宁庆等州节度观察处置使朝散大夫检校户部尚书兼御史大夫赐紫金鱼袋赠右仆射史公神道碑》。

治于平高县界他楼城。①

按，隋末唐初奚族役属于东突厥，像东突厥可汗颉利之佷突利就"牙直幽州之北，管奚、霫等数十部"②。贞观四年（630）东突厥汗国为唐破灭，唐太宗"处突厥降众，东自幽州，西至灵州"③。道德先人随突厥降户被安置于侨治平高的羁縻州——缘州，这不无可能。但墓志谓道德祖多，仕隋为开府仪同左卫安化府骠骑将军，似乎又排除了贞观初年徙家的可能。

其二，史归因宦来徙平高。北魏末年，原州刺史有姓名称史归者，因附于宇文泰的政敌侯莫陈悦，泰于永熙三年（534）遣兵将会同高平（即平高）令李贤擒斩史归④。疑史归即为道德"因宦来徙平高"之远祖。因为，遍查史籍，北朝时期史姓人中在原州做官者仅史归一人。按，奚族始见于北魏，"本曰库莫奚"⑤，"至隋始去'库真（莫）'，但曰奚"⑥。奚为游牧民族，逐水草活动于潢水（今西拉木伦河）中游和土河（今老哈河）流域。早在北魏登国三年（388），

①《旧唐书》卷38《地理志一·关内道·原州中都督府》。

②《通典》卷197《边防典十二·突厥上》。

③《资治通鉴》卷193唐太宗贞观四年三月。

④《周书》卷1《文帝本纪》、卷18《侯莫陈崇传》;《资治通鉴》卷156梁武帝中大通六年正月。

⑤《北史》卷94《奚传》。

⑥《新唐书》卷219《北狄·奚传》。

拓跋珪就曾亲征库莫奚，俘获其四部落。此后虽款服朝廷，但又"辄入塞内"或"每求入塞"①。可见奚族对内地文明极为向往，故流寓中原乃至仕魏者当大有人在。史道德的远祖于这个时代充原州刺史并徙家平高，应不是偶然的历史现象。

总括上述，史道德既非昭武九姓胡中史姓人之裔，也不是汉人建康史氏之后，据诸种史籍记载，其实为奚族内徙者之后裔。其远祖"因宦来徙平高"的时间，可追溯到北魏王朝统治的年代。

（原载《文物》1991 年第 5 期）

①《魏书》卷 100《库莫奚传》，中华书局，1974 年。

李谨行家世和生平事迹考

李谨行（619—683），唐高宗、武后时代的大将，为陪葬乾陵的十七位功臣密戚中仅有的少数民族出身者。关于其家世和本人生平事迹，《旧唐书·靺鞨传》和《新唐书·李谨行传》，只用寥寥二百一十五字概言之，而近年出土的《李谨行墓志铭》，从中也难以窥探墓主人的家族之谜和生前的基本活动。有鉴于此，笔者曾以《〈新唐书·李谨行传〉补阙及考辨》为题，试对其本传进行增补和考证。①但意犹未尽，遂又草就此篇，以就教于对乾陵学②感兴趣的先生们。

一、族出和父辈的活动

关于李谨行民族出身和父辈事迹，诸史籍记载多有出入。
《旧唐书·靺鞨传》《新唐书·李谨行传》云："李谨行，

---

① 拙文载《文博》1993年第1期。
② 乾陵学应是以乾陵地面石刻以及陵墓已出土的历史文献、文物、陵墓主人武则天等为主要研究对象的学科。可以预见，随着乾陵的发掘，乾陵学终将成为可同敦煌学、吐鲁番学并驾齐驱的显学。

靺鞨人。"笼而统之说谨行来自靺鞨，这固然不错。可是，《通典》等又谓靺鞨种类繁多，"邑落各自有长，不相总一，凡有七种"：

> 其一号粟末部，与高丽相接；二曰汨咄部，在粟末之北；三曰安车骨部，在汨咄东北；四曰拂涅部，在汨咄东；五曰号室部，在拂涅东；六曰黑水部，在安车骨西北；七曰白山部，在粟末东南。[①]

在互不统属的七种靺鞨民族中，李谨行究竟出身于哪一种？《册府元龟》认为：

> 黑水靺鞨，后魏谓之勿吉。有酋帅突地稽者，隋末率其部落千余家内属，处之营州，炀帝授以辽西太守。[②]

按，据《新唐书·李谨行传》，突地稽即李谨行父。是谨行应出自黑水靺鞨。然而，对此说不能不产生疑问。因为黑水靺鞨的地理分布，在今黑龙江下游地区，非但不同隋境邻接，且南为靺鞨其他诸部阻塞，与高丽也不相连，渠帅突地稽又何能遍越其南的号室等部和同隋抗衡的高丽而远来内属？

---

① 《通典》卷186《边防典二·勿吉》。
② 《册府元龟》卷956《外臣部一·种族》。

如果有内属者，亦首先应是距隋界"唯粟末、白山为近"[①]的这两个靺鞨民族。《李谨行墓志铭》则为我们释疑说：

> 公讳谨行……其先盖肃慎之苗裔、涑沫之后也。[②]

按，"涑沫"即"粟末"或"速末"之异写，以分布于速末水（今吉林第二松花江）流域而得名，是李谨行乃族出粟末靺鞨，《册府元龟》之"黑水"云显误。不过，这种说法也有疑问。据诸史记载，粟末靺鞨居高丽之北并臣隶于高丽，在隋与高丽交恶的情况下，高丽又怎么会容许其穿越其境而归属于隋？对此，《隋书》回答说：

> 炀帝初与高丽战，频败其众，渠帅突地稽率其部来降。[③]

按，李谨行父突地稽本臣于高丽，炀帝初征高丽时（大业八年，612年），受高丽遣发而参加抗隋战争，由于隋军"频败其众"，而被迫以部落千余家投降。少数民族兵制，以部落为单位，集军事、行政、生产为一体，一有大的战事，

---

①《北史》卷94《勿吉传》。

②廖彩梁：《乾陵稽古》附录《大唐故右卫员外大将军燕国公李谨行墓志铭》，黄山书社，1986年。

③《隋书》卷81《东夷·靺鞨传》。

往往倾部落投入，这也正是粟末靺鞨突地稽部能远离本土降隋之原因所在。这里需要更正的是，真正以酋长身份率部降隋者为另一个人：

> 突［地］稽者，靺鞨之渠长也。隋大业中，与兄瞒咄率其部内属于营州。瞒咄死，代总其众，拜辽西太守，封扶余侯。[①]

率部降隋者主要应是突地稽兄瞒咄，而非突地稽本人。靺鞨语称酋长为"大莫弗瞒咄"[②]，这就是说突地稽兄长具有酋长的身份，在"内属"的行动中，突地稽只具追随或协助的作用，他"代总"部众，则是在其兄率部既降并在其兄亡后，有迹象表明，瞒咄死时，当在大业八年（612）其降隋不久。

关于李谨行父辈以上世系，其《墓志》还称其曾祖、祖"并代为蕃长"。《李秀碑》更云，祖名"溢，辽东都督"。[③]祖父的官号，显系因突地稽父子显贵后为朝廷所追赠。穷检史籍，其曾祖、祖父的事迹均无可考，但有一点可以肯定，在瞒咄率部内属时，谨行的曾祖和祖父当早已亡故。

至于突地稽降隋后事迹，诸史籍则多有记载，归纳起来，主要有以下六点。

---

① 《册府元龟》卷970《外臣部·朝贡三》。
② 《北史》卷94《勿吉传》。
③ 岑仲勉：《金石论丛·李秀碑》。

其一，在官称、地望、习俗诸方面迅速汉化。

突地稽在承袭酋长后，不称"瞒咄"，而是全盘接受炀帝所授官封：金紫光禄大夫、辽西太守、扶余侯。[①]

炀帝置辽西郡（治今辽宁义县东南王民屯）以处其部，突地稽则居于营州治所所在地柳城（今辽宁朝阳市）。[②]二十余年后，再次率部南迁，后人更以范阳（今北京）为地望。[③]

突地稽"悦中国风俗"，请求朝廷同意他们着汉人冠带，炀帝为嘉奖其诚，"赐以锦绮而褒宠之"。[④]后来以战功被唐天子赐以李姓后，其子孙后代连姓名都全盘汉化。[⑤]

其二，勤于王事，向朝廷履行诸多封建义务。

突地稽既臣于隋，就忠实地履行臣子对皇上的封建义务。当炀帝二征、三征高丽时，突地稽则"帅其徒以从"，且"每有战功"，受到天子优厚的赏赐。[⑥]即便是隋亡前义军蜂起、遍地狼烟、炀帝以巡幸为名避祸于东南一隅之地时，突地稽犹不忘臣子义务，率部从数百人朝觐炀帝于江都。[⑦]

---

①《新唐书》卷110《李谨行传》；《册府元龟》卷970《外臣部·朝贡三》。

②《读史方舆纪要》卷18《直隶九·怀远城》；《隋书》卷81《东夷·靺鞨传》。

③岑仲勉：《金石论丛·李秀碑》。

④《隋书》卷81《东夷·靺鞨传》。

⑤岑仲勉：《金石论丛·李秀碑》。

⑥《隋书》卷81《东夷·靺鞨传》。

⑦《册府元龟》卷970《外臣部·朝贡三》。

其三，北归途中的不寻常经历。

大业十四年（618），宇文化及弑炀帝于江都，突地稽羞于颜事化及，遂率其徒间道北还，途经瓦岗军防地，李密遣兵邀击，"前后十余战，仅而得免"。及至逃到高阳（今河北高阳县东高阳县旧城），又被义军王须拔部所俘。不久，又遁归割据幽州（今北京）的罗艺，才绝处逢生，北还柳城。①

其四，建唐初期，再次率部内属。

武德二年（619）十月，罗艺归顺唐朝，授以幽州总管。突地稽步罗艺后尘，即于当月派遣贡使入朝。是年，李谨行出生于柳城。②四年（621）初，突地稽再次遣使入长安，请求正式内属。③是年三月，突地稽被授以燕州（辽西郡改置）总管。④六月，营州胡人石世则执总管晋文衍，于是举州反叛，"奉靺鞨突地稽为主"。⑤但营州之乱并未影响朝廷对突地稽的信任。

其五，从李世民平定河北刘黑闼之乱和"徙部居昌平"。

---

①《册府元龟》卷970《外臣部·朝贡三》;《隋书》卷81《东夷·靺鞨传》。

②两《唐书》卷1《高祖纪》;《册府元龟》卷970《外臣部·朝贡三》;《李谨行墓志铭》。

③《册府元龟》卷977《外臣部·降附》。

④《资治通鉴》卷189唐高祖武德四年三月。按:胡注谓武德元年改辽西郡曰燕州。时辽西郡尚未入唐,疑改置时间有误,或为他人所改亦未可知。

⑤《资治通鉴》卷189唐高祖武德四年六月。

就在突地稽被石世则拥立为"主"的次月，原窦建德的部将刘黑闼反于漳南（今河北故城县东漳南故城），仅半年时间，建德旧境尽复，大受震动的朝廷急忙派秦王李世民前去镇压。武德五年（622）二月，突地稽亲自到定州（今河北定州市）上书秦王，请受节度，以参加平叛。乱平，"以战功封耆国公"。①参与平叛的这支靺鞨部落兵于事后并未返归营州，而是就地安置，"徙部居昌平"（今北京昌平区）。②而原居地燕州建置，也随之南迁，于武德六年（623）"寄治于幽州城内"。南迁后的燕州"所领户出粟皆（末）靺鞨别种，户五百"。到天宝中（742—756），繁衍至2045户，11603口。③由此可知，所谓"徙部"，并不是举全部落南迁，徙居昌平者仅五百户，不足突地稽原在营州所拥户的半数。按，燕州应为侨置羁縻州，其同内地汉州的最大区别，是州刺史世袭；突地稽南徙后的官职由燕州总管改授燕州刺史④，死后，承袭刺史者，则为其长子李元正。⑤

其六，抗御突厥内寇，受加官赐姓之荣。

武德六年（623）五月，割据渔阳（今天津市蓟州区）的

①《旧唐书》卷199下《北狄·靺鞨传》；《新唐书》卷110《李谨行传》。

②《旧唐书》卷199下《北狄·靺鞨传》；《新唐书》卷110《李谨行传》。

③《旧唐书》卷39《地理志·河北道》。

④廖彩梁：《乾陵稽古》附录《大唐故右卫员外大将军燕国公李谨行墓志铭》。

⑤《全唐文》卷7《命将征高丽诏》；《册府元龟》卷117《帝王部·亲征》。

高开道引突厥入寇幽州，负有守土之责的突地稽亲自率兵邀击，并打败了来犯之敌。贞观初年，进右卫将军，赐姓李氏。[1]卒，追赠左卫大将军。[2]

二、关于李谨行的早期和中期活动

如果将李谨行的"解褐"入仕时间作为他早期活动的开始，那么其早期活动的大部分时间应是在京城长安和洛阳度过的。假若将他出任营州都督的时间算作其中期活动的起点，我们将会看到，其足迹基本上被限定于大唐东北边境和属国高丽、新罗等地。

诸史籍对李谨行的早年事迹鲜有记述，幸有《李谨行墓志铭》出土，使我们得窥其一斑：

> 爰登弱弄，已肆旌旗之游；甫及童年，备尽玉钤之□。故能气凌外域，声振中朝，解褐右武卫翊卫校尉，加游骑将军、上柱国，封五原县男。转右武卫怀信府□果毅都尉，历左屯卫龙泉府左果毅、右武候肃慎府折冲。转左屯、右骁二卫翊府左郎将，进封五原郡开国公，加明威将军，行左屯卫翊府左郎将、左骁卫翊卫中郎将，

①《旧唐书》卷199下《北狄·靺鞨传》;《新唐书》卷110《李谨行传》。
②廖彩梁:《乾陵稽古》附录《大唐故右卫员外大将军燕国公李谨行墓志铭》。

累迁右骁卫、左监门、右武卫、右领军将军。①

上引表明生于蕃将之家的李谨行，自小受到尚武气氛的熏陶，因而洞悉军旅之事，熟知兵书韬略。及长，则以门荫入仕，离开故土远至京师，任府兵制下中央禁军中的下级武官；"解褐"即充右武卫翊卫校尉。据《旧唐书·职官志》："若以门资入仕，则先授亲勋翊卫。"②"三卫"官（即亲勋翊卫）例由五品以上官子孙充任，谨行父生前为三品将军，故谨行初入仕途得以授翊卫校尉（正六品），这是掌宿卫宫禁的府兵制下的"内府"官员。又，"凡三卫皆限年二十一已上"。③谨行以六十四岁卒于永淳二年（683），若以二十一岁即授三卫官，其"解褐"入仕的时间约在贞观十四年（640）。此后，转"外府"（即府兵制下的地方军府）任职，历任怀□府□果毅都尉（五品）、龙泉府左果毅都尉、肃慎府折冲都尉（四品）。再入朝任"内府"三卫官，先后转左屯、右骁二卫翊府左郎将，擢左骁卫翊卫中郎将、右典卫将军。谨行从二十一岁任统领三百人的"三卫"军官，逐次升转，至龙朔中

①廖彩梁:《乾陵稽古》附录《大唐故右卫员外大将军燕国公李谨行墓志铭》。
②《旧唐书》卷42《职官志一》。
③《唐六典》卷5《尚书兵部》。

（661—663）即在四十三岁左右，官至从三品将军。①

关于李谨行早期事迹，《墓志铭》只是详列了他在"入掌禁戎营校"期间的官职，至于具体活动又仅泛称他"志怀忠义"，"以之增□"。而两《唐书》中讲得稍微实在些，说他不仅有一副"伟容貌"，而且"武力绝人""勇冠军中"。②至于貌伟如何，则从其子李秀的"美髯颊额"中可作具体推想。③

又，如前述，其兄李元正承袭了侨置羁縻州——燕州刺史，而羁縻府州的都督、刺史在享有世袭官职特权的同时，还必须向朝廷履行派子弟入侍等封建义务。入侍者又称"质子"，以侍卫天子和取信朝廷。李谨行的早期之所以长期待在京城，也当与其"质子"的身份有关。

麟德元年（664）起，李谨行被天子遣出以封疆大吏和行军大将的身份，开始了在唐东北边境和今朝鲜境内的政治军事活动，其经历进入了中期阶段。

《旧唐书·靺鞨传》对李谨行的中期事迹，仅以二十七字概述：

---

①《新唐书·高宗纪》称：乾封元年（666），谨行时为左监门卫将军。《旧唐书·靺鞨传》谓：谨行于麟德中（664—665）历任营州都督。故谨行拜右骁卫将军（从三品）的时间应不迟于龙朔年间（661—663）。

②《旧唐书》卷199下《北狄·靺鞨传》；《新唐书》卷110《李谨行传》。

③廖彩梁：《乾陵稽古》附录《大唐故右卫员外大将军燕国公李谨行墓志铭》。

　　麟德中，历迁营州都督。其部落家僮数千人，以财
力雄边，为夷人所惮。

　　其为营州（治今辽宁朝阳市）都督的时间，《新唐书·李
谨行传》阙记，而《旧唐书》也只是泛云在麟德中（664—
665）。由乾封元年（666）的营州都督为高偘①，可证谨行至
迟在麟德二年（665）已另派他用。也就是说其在营州都督任
上只有一年左右的时间。营州为谨行家族及部属内徙过程的
第一站，当初其父辈曾以千余家入居营州境，再徙昌平时，
其部落至少有半数的人仍留居营州地区。所以，当谨行授任
为那里的军政长官时，自然受到父辈旧部的竭诚拥戴，这也
正是其"部落家僮"多至数千人的原因所在。又，营州为多
民族杂居地区，居民中除汉人、粟末靺鞨外，还有突厥、契
丹、昭武九姓胡、奚、室韦、高丽降户等十余种民族或部落
云集于此。因此，这里历来是多事之地，自唐高祖武德年间
至武则天晚年，营州曾多次发生当地蕃胡排斥和杀戮汉人都
督事件。到天宝末年，营州"杂胡"出身的安禄山，更"一
切驱之为寇，遂扰中原"。②李谨行既系蕃人出身，又为当地
诸蕃胡旧主之后，因在该地拥有强大的社会基础，所以能
"以财力雄边，为夷人所惮"。其在边州都督的任期内，应当

————————————

①《旧唐书》卷5《高宗纪下》;《新唐书》卷3《高宗纪》。
②《旧唐书》卷39《地理志二·河北道》。

说是有良好的政绩的。

大约在麟德二年（665），李谨行被朝廷调回京城，拜左监门卫将军。按，唐前期的中央军共有十六卫之多。而左、右监门卫将军不领府兵，专掌宫城"诸门禁卫及门籍"①。凡文武百官入宫朝参、奏事或仪仗、物品须入宫者，均要通过左监门将军仔细检验，始能放行。可见这是关系宫禁安危的极重要任使。开元中，玄宗最为信任的宦官高力士就曾任过监门卫将军。但是，不久天子又以征高丽需要，谨行被诏遣征讨。自是，十年有余，李谨行一直是在高丽和新罗的疆场上活动。

李谨行在高丽、新罗战场的事迹，《旧唐书·靺鞨传》《新唐书·李谨行传》《李谨行墓志铭》均无记载，笔者则从《册府元龟》等书中检索到一些史料，按时间顺序排列于下：

> ［乾封元年（666）六月壬寅］　高丽泉男生请内附，右骁卫大将军契苾何力为辽东安抚大使，率兵援之。左金吾卫将军庞同善、营州都督高偘为辽东道行军总管，左武卫将军薛仁贵、左监门卫将军李谨行为后援。②
>
> ［总章元年（668）十二月］　以……右监门将军、五原郡公李谨行为右武卫大将军，赏平高丽之功也。③

①《新唐书》卷49《百官志四上》。
②《新唐书》卷3《高宗纪》。
③《册府元龟》卷128《帝王部·明赏二》。

［咸亨元年（670）四月庚午］　高丽酋长钳牟岑叛，寇边，左监门卫大将军高侃为东州道行军总管，右领军卫大将军李谨行为燕山道行军总管，以伐之。①

［咸亨三年（672）］　高侃与高丽余众战于白水山，大破之。时新罗还［遣］将救高丽以拒官军，侃与副将李谨行等引兵迎击高丽，斩首三千级。②

［咸亨四年（673）闰五月］　燕山道总管、右领军大将军李谨行大破高丽叛者于瓠芦河之西，俘获数千人，余众皆奔新罗。时谨行妻刘氏留伐奴城，高丽引靺鞨攻之，刘氏擐甲帅众守城，久之，虏退。上嘉其功，封燕国夫人。③

［咸亨五年（674）正月壬午］　以左庶子、同中书门下三品刘仁轨为鸡林道大总管，卫尉卿李弼、右领军大将军李谨行副之，发兵讨新罗。④

［上元二年（675）二月］　刘仁轨大破新罗之众于七重城，又使靺鞨浮海，略新罗之南境，斩获甚众。仁轨引兵还。诏以李谨行为安东镇抚大使，屯新罗之买肖

①《新唐书》卷3《高宗纪》。

②《册府元龟》卷358《将帅部·立功一一》。

③《资治通鉴》卷202唐高宗咸亨四年闰五月；《旧唐书》卷5《高宗纪下》；《新唐书》卷220《高丽传》；《册府元龟》卷358《将帅部·立功一一》。

④《册府元龟》卷986《外臣部·征讨五》；《旧唐书》卷5《高宗纪下》；《资治通鉴》卷202唐高宗咸亨五年正月。

城以经略之，三战皆捷，新罗乃遣使入贡，且谢罪。①

从上引史料中，可知李谨行在"三韩"地区的十年（666—676）征战生涯，应是他一生中最辉煌的阶段：当乾封元年（666）被遣出征高丽时，还只是个从三品的左监门卫将军，不久，即以平高丽功晋升正三品右武卫大将军；后来又作为一个方面军的主帅，取得了瓠芦河（在高丽南界）大捷，最终解决了在高丽的战事；其妻刘氏亦在守城战斗中建立奇功，被封燕国夫人，更给谨行的功业锦上添花；咸亨五年（674），谨行又以鸡林道副大总管从宰相刘仁轨出师新罗，当上元二年（675）大败新罗军，仁轨班师后，谨行更以留屯新罗的最高长官，通过"三战皆捷"迫使新罗王向朝廷"谢罪"。

三、晚年事迹杂考

据《旧唐书·靺鞨传》和《新唐书·李谨行传》的记载，李谨行晚年被朝廷调到西边战场，并以积石道经略大使于上元三年（676）"破吐蕃于青海"，以功进封燕国公。后卒于永淳元年（682），赠幽州都督，陪葬乾陵。从笔者所掌握的史料看，两《唐书》所记李谨行晚年事迹不仅过于简略，且在具体时间上也有严重的错讹。

---

① 《册府元龟》卷986《外臣部·征讨五》；《旧唐书》卷5《高宗纪下》；《资治通鉴》卷202唐高宗上元二年正月。

其一，何时调往西线？

岑仲勉先生在《金石论丛·李秀碑》中认为：

> 如果依《旧唐书·靺鞨传》上元三年之前，谨行已破吐蕃于湟中，则谨行在上元二年二三月后，便应被调到西边战场，但通观各史文，这一年并没有吐蕃入寇湟中的记事。

谨行究竟何时被调往西线，岑仲勉先生谓应在上元二年（675）二三月后。但岑先生又以这一年并无吐蕃入寇湟中（今青海湟水两岸地区）的记事，遂又疑之。笔者认为，谨行西调，当在仪凤二年（677）。理由是：①廓州（治所在今青海化隆西黄河北岸）境内的积石军（今青海贵德）置于仪凤二年，故谨行当于是年出镇积石军，为积石道经略大使。②谨行曾于咸亨五年（674）和上元二年（675）以刘仁轨的副手讨击新罗，两人配合默契，相得益彰，谨行得拜安东镇抚大使，无疑为仁轨奏请的结果。及至仪凤二年（677）仁轨为洮河道行军镇守大使，为使其镇所鄯州（治今青海乐都县）与廓州构成对吐蕃的犄角之势，在仁轨看来，镇守廓州的理想人选非谨行莫属；谨行得为积石道经略大使，极有可能亦为仁轨引荐。③自仪凤元年（676）吐蕃大举入寇，朝廷频遣大军征讨，仅是年闰三月就有刘审礼等十二总管调至西部战场，至二年（677）八月至十二月，在既遣宰相刘仁轨出任洮河道大总管兼安抚大使和代理鄯州都督后，复又"诏大发兵讨吐蕃"。①这时的李谨行已早于二月前被召回京城代理右羽林大将军（由二月后"高丽旧城没于新罗"可知，参看《资治通鉴》卷二〇二），以刘仁轨举荐，遂擢积石道经略大使并代理廓州刺史。

其二，何年"破吐蕃于青海"？

谨行被遣往西部战场当为仪凤二年（677）八月至十二月间事，那么，青海战役发生的时间就只能在此之后而绝不可能在这之前，检索诸史文记载，只有在仪凤三年（678）九月唐军曾"与吐蕃将论钦陵战于青海之上"。②时刘仁轨已被召回京城，取代仁轨为洮河道大总管兼安抚大使的为"非将帅才"的李敬玄，敬玄先于是年七月同吐蕃战于龙支县（治所在今青海民和县东南），小胜。复于九月丙寅以十八万兵力同兼将相之任的吐蕃主帅论钦陵决战于青海之上，结果敬玄因"懦怯"而遭到严重的损兵折将，幸赖百济人出身的左领军将军黑齿常之率敢死队夜袭敌营，才救敬玄于重围之中。③可见青海之战，就全局讲是唐军大败，从局部看则是黑齿常之"破吐蕃于青海"而建立奇功。按，黑齿常之原为百济酋帅，龙朔三年（663）为刘仁轨招降并受到信任。当李谨行于咸亨五年（674）为鸡林道副大总管佐刘仁轨征讨新罗时，当仁轨

①《资治通鉴》卷202唐高宗仪凤二年十二月。
②《资治通鉴》卷202唐高宗仪凤三年九月。
③《新唐书》卷110《黑齿常之传》、卷216上《吐蕃传上》。

还朝谨行拜安东镇抚大使时，黑齿常之作为当地的蕃人将领和洋州刺史，①则隶属于谨行。所以，又当李谨行调任积石道经略大使时，常之因系旧部将而再隶于谨行乃顺理成章。是所谓"上元三年破吐蕃于青海"云，应为"上元"二字误替"仪凤"，而部将立功记在主将头上，虽非大错，但具体事实需要理清。又，两《唐书》还称早在上元三年（676）前曾以"空城计"止寇湟中的论钦陵的十万大军。②据上考，李谨行此时尚在东线或京城，又何能同吐蕃大军遭遇！此事应发生于仪凤二年（677）底或三年（678）初。

其三，关于谨行的卒年和卒地。

《新唐书·李谨行传》中卒年阙载，《旧唐书·靺鞨传》则称谨行卒于永淳元年（682），而《李谨行墓志铭》谓：永淳二年（683）七月二日薨于鄯州河源军（在今青海西宁市），春秋六十有四，自以后者为是。还有相同的关于卒地的记载可证墓志之不诬：

> 将军黑齿常之镇河源军，城极严峻。有三口狼入营，绕官舍，不知从何而至，军士射杀。黑齿忌之，移之外。奏讨三曲党项，奉敕许，遂差将军李谨行充替。谨行到

①《旧唐书》卷84《刘仁轨传》、卷109《黑齿常之传》；《新唐书》卷110《黑齿常之传》；《曲石精庐藏唐墓志》25《黑齿常之墓志铭》。
②《旧唐书》卷199下《北狄·靺鞨传》；《新唐书》卷110《李谨行传》。

军，旬日病卒。①

按，这时的黑齿常之，已非昔比；因屡立战功，累拜河源军副使、河源道经略大使，其职位已同旧主不相上下，故常之移镇后，朝廷命谨行充替。岂料谨行到河源军后仅十日就一病身亡。

其四，关于其妻室和后人。

李谨行至少有两位夫人：一为前述留守伐奴城（今朝鲜平壤城西北）建功因而封燕国夫人的刘氏；另一为《李谨行墓志铭》中所记临汾郡夫人傅氏。两人孰先孰后，不得而知。但傅氏能反映于谨行墓志之中，似应为正室，刘氏则应为侧室。然而，刘氏名气很大，诸史中多有所闻，治史者应给予较多的注意。

李谨行究竟有几个儿子，有待深入考证。据笔者所掌握的资料，至少有两位公子，这从《李谨行墓志铭》中所记"有子思敬等"可知。思敬既排行在前，则应为长子，关于李思敬的事迹，诸主要史籍均有记载：

> 开元二年（714），李思敬从薛讷讨契丹，败衄，讷归罪于崔宣道及蕃将李思敬等八人，诏皆斩之。②

---

①《朝野佥载》卷6。

②《册府元龟》卷443《将帅部·败衄》；《资治通鉴》卷211唐玄宗开元二年七月；《旧唐书》卷93、《新唐书》卷111《薛讷传》。

可是史文有关李思敬的事迹，也仅限于因主帅薛讷委过而被玄宗处死的记述。就是这个被诏斩的思敬，还有学者将其断为拥玄宗登基的功臣、高丽人李仁德之子，[①]这绝无可能。据《李仁德墓志铭》，仁德卒于开元二十一年（733），其丧事为长子右骁卫中候思敏办理。[②]如果其子早于开元二年（714）就被处死，又何来二十年后的复出！由此可知，开元初讨契丹的蕃将李思敬，应即李谨行的长子。李谨行的另一公子名秀。关于李秀的事迹，《全唐文》卷二六五载有唐大书法家李邕（678—747）撰书之《云麾将军碑》残文，岑仲勉先生据法源寺碑拓本改补还原，知秀"曾祖讳溢"，"祖讳稽"，"考讳谨行"，秀累官至云麾将军、右豹韬卫翊府中郎将，封辽西郡开国公，于开元四年（716），以六十二岁薨于家乡范阳郡之私第，葬于范阳福禄乡原上。秀子李偃官居景城郡太守兼横海军使、河北海运副使。[③]

据上，可大致列出李谨行上下五代人百余年间的世系：

---

①参看章群：《唐代蕃将研究》，台北联经出版事业公司，1985年。

②《唐文拾遗》卷66。

③廖彩梁：《乾陵稽古》附录《大唐故右卫员外大将军燕国公李谨行墓志铭》。

其五，谨行何以能陪葬乾陵。

墓志云，谨行卒后两年，于垂拱元年（685）七月十七日陪葬于乾陵。按，唐代的陪陵制度，本因袭汉代旧制，兴于唐高祖陵（六十七人陪葬），盛于太宗昭陵（已知的有一百六十七人），衰于盛唐（乾陵十七人，定陵八人，桥陵七人，泰陵仅高力士一人）。在陪陵制度日渐衰微的盛唐时代，李谨行何德何能竟能在死后享陪陵之哀荣？关于这个问题，笔者拟专文另说，以下只表示些提纲式看法：

1.具备了陪陵要求的基本条件。

根据贞观八年（634）的诏书，陪陵者必须是"功臣密戚及德业佐时者"。①观谨行一生东征西讨，屡建战功，急朝廷之所急，解天子之忧，其为"功臣"及"德业佐时者"，固不待言。而谨行父子受赐国姓之荣，"类同本之枝干"，又可备"懿成宗臣"之数，表明谨行确实具备了陪陵的最基本条件。

2.天子优待蕃将。

自贞观四年（630）后至高宗时代，由于"府兵不堪攻战"，②多以蕃将蕃兵征讨，蕃将在国家的军事活动中，具有举足轻重的地位。所以，天子对诸多蕃将恩宠备至，不仅酬以名爵玉帛，且给予赐姓配陵之荣，陪葬昭陵者，至少有十六人之多③，高宗袭太宗遗风，给出身于蕃将世家的李谨行以

---

①《唐会要》卷21《陪陵名位》。

②《贞观政要》卷2《纳谏第五》。

③参看拙作《唐代蕃将》，三秦出版社，1990年。

陪陵优待就不足为怪。

　　3.死得其时。

　　李谨行的中晚期活动基本上都在帝国东、西部战场，由于十余年不在京城，所以没有迹象表明他曾卷入朝廷中的"帝党"和"后党"间的政争，应当属于无争议的大臣。而其死又恰在高宗晏驾的同年，却又早于高宗数月，高宗驾崩后，忠于李唐的诸多蕃将，大多陷入对武则天持观望的尴尬处境，由是武则天对他们不能不有所顾忌，但李谨行早死，不存在武则天对他产生"猜忌"的态度。这大概是李谨行得以陪葬乾陵的重要原因之一。

　　　　　　（原载《唐代历史与社会》，武汉大学出版社，1997年）

铁勒契苾部与契苾何力家族

铁勒契苾部是我国中世民族史上一个扑朔迷离的民族。其最早以"高车解批部"见于《魏书》记载，并于隋炀帝大业元年（605）突兀而起，击败称霸西域的西突厥泥撅处罗可汗，在贪汗山（今新疆博格达山）北建立了一个号令邻国的强大的铁勒汗国。但旋起旋落，建国仅十年左右，就复为西突厥所并。此后其族又销声匿迹二十余年。至唐太宗贞观六年（632），于隋末西迁热海（今中亚伊塞克湖）之上的契苾民族，又在其酋长契苾何力的率领下东徙凉州（今甘肃武威）地区。然而自贞观十六年（642）后，其族又呈现不识庐山真面目的状态：或徙于漠北而难窥其详，或隐于金山（今阿尔泰山）而难求其实，或融于突骑施而真相不明，或再现于凉州而复遁入回纥，直到晚唐五代，其踪迹又集中于振武（今内蒙古和林格尔西北）。而入朝蕃将契苾何力，虽两《唐书》特为立传，但其子孙后裔的事迹，既罕有记载，复语焉不详。本文针对以上问题，试图从蛛丝马迹中探求铁勒契苾部兴衰变迁，并对蕃将世家契苾何力家族在唐代的某些社会活动给予考察。

一

契苾，隋时异写为"契弊"，见于《隋书》和与《隋书》资料同源的《北史》。契弊一见于史籍记载，就以非同凡响的铁勒强部为史家所艳称。

据《隋书》卷84《铁勒传》称，铁勒之先，"匈奴之苗裔焉"。①其"种类最多"，自西海（今里海）之东，至独乐河（今土拉河）以北的广大地区，分布着七大群不下四十种的铁勒游牧部落。其中的白山群体中，则有契弊等部落：

> 伊吾以西，焉耆之北，傍白山，则有契弊、薄落职、乙咥、苏婆、那曷、乌讙、纥骨、也咥、于尼讙等，胜兵可二万。②

伊吾即今新疆哈密市，焉耆故址在今新疆焉耆回族自治县西南四十里处，白山今称天山，也就是说，在今新疆哈密

---

①《旧唐书》卷199下《北狄·铁勒传》称："铁勒，本匈奴别种。"按，铁勒于战国秦汉时称"丁零"，曾两度被匈奴所征服，为匈奴所役属，故称"匈奴别种"则可，谓"匈奴之苗裔"（即后人），不确。丁零后称"敕勒""狄历""高车"等，北周、隋、唐时，讹为铁勒。

②《隋书》卷84《北狄·铁勒传》；《北史》卷99《铁勒传》乌讙作"乌护"；于尼讙作"于尼护"。

以西、焉耆以北、沿天山北麓，于隋时分布着铁勒契弊等部落。其实，早在北魏时，这一带就有铁勒的先民——高车族徙来。铁勒的称谓为"敕勒"之讹，敕勒俗好高轮车，故中原人称其族名高车。高车族原居漠北今色楞格河一带，后徙鹿浑海（在今蒙古国鄂尔浑河之东）西北百余里处，即隋唐时的漠北名山乌德健山（今蒙古国杭爱山）北麓地区。据《魏书》卷103《高车传》记载，北魏太和十一年（487年），臣属于柔然，拥有十余万帐落的高车酋长阿伏至罗，因反对柔然可汗豆伦侵扰北魏边塞，"固谏不从"，遂怒而率部西迁至车师前部（今新疆吐鲁番）西北，即今天的新疆天山、阿尔泰山之间的准噶尔盆地，建高车国，阿伏至罗自立为王。按，高车有狄、袁纥（即回纥）、斛律、解批等七大姓氏[1]，其中的"解批"即为契苾的原始异写，并据信追随阿伏至罗西迁者肯定有解批部落。卒于开元十八年（730）的契苾酋后人契苾嵩，其墓志在追述祖上地望时，明确地讲，先祖"出于漠北□乌德建山焉"。[2]从而表明后来"傍白山"游牧的契弊部落，确系于北魏孝文帝时自漠北迁来。又，高车解批部西迁前，尚有南徙附北魏者。《魏书·高车传》云：北魏太祖道武帝时，高车解批莫弗（即酋长）幡豆建，"率其部三十余落内附"。姚薇元先生考证出解批幡豆建的内附为天兴四年

---

①《魏书》卷103《高车传》。

②周绍良主编：《唐代墓志汇编》1374页《契苾嵩墓志》。

（401）事。①查《魏书》卷2《太祖纪》天兴四年正月条，有
"高车别帅率其部三千余落内附"的记述。是《高车传》中
"三十余落"云，实为"三千余落"之讹。如此之多的解批人
降魏，其意义非同小可，故《魏书·官氏志》中将解枇（批）
划入代北内入贵姓之列，并称"解批氏，后改为解氏"。②但
西迁的高车解批部落，截至隋初却默默无闻，不见史载。直
至隋炀帝大业元年（605），臣于西突厥、世袭俟利发和俟斤
的契弊酋长歌楞，却一跃而为西域政治舞台上的主要角色：

> 大业元年，突厥处罗可汗击铁勒诸部，厚税敛其物，
> 又猜忌薛延陀等，恐为变，逐集其魁帅数百人，尽诛之。
> 由是一时反叛，拒处罗，遂立俟利发俟斤契弊歌楞为易
> 勿真莫何可汗，居贪汗山。复立薛延陀内俟斤，字也咥，
> 为小可汗。处罗可汗既败，莫何可汗始大。莫何勇毅绝
> 伦，甚得众心，为邻国所惮，伊吾、高昌、焉耆诸国悉
> 附之。③

"俟斤"为突厥官号爵阶中的一种，一般只授给异姓突厥

---

① 《北朝胡姓考·内篇第三》。
② 《魏书》卷113《官氏志》。
③ 《隋书》卷84《北狄·铁勒传》。并见《北史》卷99《铁勒传》；《通典》卷199《边防典十五·铁勒》；《旧唐书》卷199下《北狄·铁勒传》；《太平寰宇记》卷198《铁勒》等。

中实力较弱的部酋，而"俟利发"（或称"颉利发"）则授予强部酋长。西突厥"官有俟［利］发、阎洪达，以评议国事"；[1]俟利发"于蕃中官品称为第二"。[2]可见契苾歌楞在被推戴为可汗前，在既有"俟斤"官品之后，复被西突厥冠以显示其地位、实力的俟利发官号；其被铁勒诸部推向可汗宝座，绝非事出偶然。又，据《旧唐书·铁勒传》：也咥小可汗"居燕末山北"。前人考证，燕末山为金山（即阿尔泰山）支脉，在今蒙古国科布多西南。是以契弊、薛延陀联盟为核心的铁勒汗国，南起白山，北至金山，即拥有今准噶尔盆地30余万平方公里的广域。

关于莫何可汗的事迹，史籍罕有记载，除上引《隋书·铁勒传》等"居贪汗山"（今新疆博格达山，莫何建牙于此）、"勇毅绝伦""为邻国所惮"等记述外，仅有个别零星资料。归纳起来，有以下四个方面。

其一，以战求存。

西突厥毕竟是西域的霸主，泥撅处罗可汗虽因暴敛、滥诛而诱发铁勒叛离，但对立足未稳的莫何政权而言，西突厥随时都有可能反扑过来，将新生的铁勒国扼杀于摇篮内。由是莫何可汗采取以战求存、以攻为守的战略。他主动进攻，数与处罗战，"屡破之"。[3]铁勒国因此得到巩固。

①《隋书》卷84《西突厥传》。
②《全唐文》卷435《唐维州刺史安侯神道碑》。
③《资治通鉴》卷180隋炀帝大业元年十二月。

其二，以战促交。

在对西突厥近攻的同时，于辽远的隋帝国则推行交好的方针。其目的是为借大国的支持，以巩固和发展铁勒国在西域的地位。莫何即汗位不久，就同属国高昌一道派遣入隋使者"贡方物"。[1]这种主动同隋交好的姿态，似乎并未引起炀帝的注意，于是莫何出人意料地下了一步险棋，派军队入寇隋朝西部边塞，试图以战促交。大业三年（607）十月，炀帝遣将军冯孝慈西出敦煌迎击，结果隋军"不利"。莫何在既胜之后，却"遣使谢罪，请降"。[2]可见莫何"寇边"，其意图是希望通过在战场上显示实力，借以向隋求和、促交。莫何此战，确为炀帝所刮目：在既遣黄门侍郎裴矩"慰抚之"之后，复又欲借重莫何兵力，"讽令击吐谷浑以自效"。这正符合莫何远交近攻的外交思想，于是，"铁勒许诺，即勒兵袭吐谷浑，大败之"。[3]吐谷浑可汗慕容伏允东走，保西平境（今青海乐都县）。炀帝抓住战机即令杨雄、宇文述出西平迎击伏允，大破其众。吐谷浑"东西四千里，南北二千里皆为隋有"，伏允无以自资，率其徒数千骑，客于党项。[4]

其三，支持隋对西域的经营。

---

① 《册府元龟》卷970《外臣部·朝贡三》。

② 《资治通鉴》卷180隋炀帝大业三年十月；《隋书》卷83《吐谷浑传》。

③ 《隋书》卷83《西域·吐谷浑传》。

④ 《北史》卷96《吐谷浑传》；《隋书》卷61《宇文述传》。

吐谷浑既破，炀帝经营西域的胃口亦随之大开，就在同莫何东西夹击吐谷浑的当年，即涉足于铁勒国的势力范围。时通往西域的门户共有北、中、南三处，炀帝首先看中通西域的北道门户——伊吾。伊吾即今新疆哈密市，本为匈奴呼衍王庭所在，东汉取之以控制西域。隋时，"商胡杂居，胜兵千，附铁勒"。[①]炀帝不顾铁勒新近有功于隋，悍然决定以右翊卫将军薛世雄为玉门道行军大将，与东突厥启民可汗连兵击伊吾。当薛世雄师次玉门（今甘肃玉门市西北）时，启民竟背约不至。世雄只好"孤军度碛"。"伊吾初谓隋军不能至，皆不设备，及闻世雄兵已度碛，大惧，请降，诣军门上牛酒"。世雄遂于汉旧伊吾城东筑新伊吾城，"以甲卒千余人戍之而还"。[②]薛世雄之所以兵不血刃就拿下伊吾，根本原因是伊吾的宗主国国君莫何可汗不愿同隋交恶，遂袖手旁观，听任隋军对伊吾的占领。尤其耐人寻味的是，大业五年（609），炀帝西巡张掖，命裴矩"啖以厚利"，诱高昌王麹伯雅和伊吾吐屯设等及西域二十七国代表觐见天子。吐屯设等向慕中华文明并慑于大国之威，"献西域数千里之地"。[③]伊吾吐屯设竟有如此大手笔，其何许人也？胡三省云："吐屯设，意突厥所

---

①《新唐书》卷221下《西域·伊吾传》。

②《隋书》卷65《薛世雄传》。

③《隋书》卷3《炀帝纪上》；《资治通鉴》卷181隋炀帝大业五年六月并胡注。

置，以守伊吾。"①笔者认为，此言不确。此时伊吾虽为隋军占领，但并不纯臣于隋，莫何既为"邻国所惮"，伊吾在更大程度上附属于同隋交好的铁勒。所以伊吾等国的吐屯设，只能是由莫何派出。也就是说，吐屯设任何大的政治动作，只能是莫何意志的反映。由此可知，隋对伊吾的远征和驻军以及伊吾吐屯设等的献地举措，乃至后来隋于其地置伊吾郡，都是得到莫何的默许甚至积极支持的。

其四，对属国进行有效的控制。

莫何可汗是通过向属国派遣吐屯设而实施宗主国对属国的监护权和典兵权的。按，吐屯为监护官，设为方面典兵官，即某方面的领军统帅，二者合称为一，表明吐屯设权限极大，集监护权、军权于一身，实际是所在国的太上皇，是代表宗主国对属国进行控制的关键性人物。此种官制，盛行于突厥，而为铁勒国所沿袭。莫何可汗不仅向伊吾城邦国派遣吐屯设，据信亦曾在其他属国推行吐屯设制度。如，史称"铁勒恒遣重臣在高昌国，有商胡往来者，则税之送于铁勒"。②铁勒长驻高昌的重臣，应即吐屯设，说明吐屯设还兼有控制属国的财政税收等大权。

综上可知，早在北魏时，解批（即后来的契弊、契苾）就已是铁勒族先民，高车的七大种姓之一，他们中除部分人

---

①《隋书》卷3《炀帝纪上》;《资治通鉴》卷181隋炀帝大业五年六月并胡注。

②《隋书》卷83《西域·高昌传》。

内属并同鲜卑、汉人融合后改姓解氏外，多数人则西迁至今
新疆准噶尔盆地。在沉寂百余年后，于隋炀帝大业元年
（605）崛兴，其酋长契弊歌楞被推立为铁勒国莫何可汗。莫何
"勇毅绝伦"，既数败西突厥于前，复击溃吐谷浑于后，并号令
邻国，结好隋朝，且为隋提供据点，支持炀帝对西域的经营。

　　然而，莫何可汗的铁勒国，只是个昙花一现的政权。大
业七年（611）世代建牙于金山（今阿尔泰山）地区的阿波、
泥利系统的西突厥大可汗泥撅处罗，被建牙于鹰娑川（即今
新疆开都河上游）的室点密、达头系统的西面可汗射匮击破
降隋，射匮遂自立为大可汗，自是，西突厥汗国复兴，再次
成为西域的主人：

　　　　射匮可汗者，达头可汗之孙也。既立后，始开土宇，
　　东至金山，西至海，自玉门已西诸国皆役属之。①

　　值得注意的是，被役属的诸国君王中，就有铁勒国的大、
小可汗：

　　　　西突厥射匮可汗强盛，延陀、契苾二部并去可汗之
　　号以臣之。②

---

①《旧唐书》卷194下《西突厥传》。
②《旧唐书》卷199下《北狄·铁勒传》。

　　莫何何时去可汗之号臣隶于射匮？史无确切年代记载。但有一点可以确定，那就是应在大业七年处罗入隋、射匮即大可汗位之后。更较确切地说，应为大业八年（612）之后的更远一点时间。

　　大业八年冬，高昌王麴伯雅在追随炀帝征高丽后被遣归国。伯雅为取悦天子，曾下令其国"庶人以上皆宜解辫削衽"，即进行服饰汉化的改革。炀帝对其"变夷从夏"之举十分欣赏，特予下诏表彰。但高昌王的"变服"令并未能推行，原因是高昌是铁勒的属国，"而铁勒恒遣重臣在高昌国"，"虽有此令取悦中华，然竟畏铁勒而不敢改也"。①这说明至少在大业八年底，铁勒仍为西域强国并独立于西突厥之外。

　　又，《隋书·铁勒传》称："处罗可汗既败，莫何可汗始大。"这段文字既可理解为莫何数与处罗战，屡击破之，因而莫何"始大"。亦可解释为射匮兴兵袭处罗，处罗大败，东走降隋；鹬蚌相争，渔人得利，因而莫何"始大"。

二

　　西突厥射匮可汗死后，其弟统叶护可汗（约618—630年在位）代立。②在统叶护统治时期，铁勒国为西突厥吞并，契

---

　　①《隋书》卷83《西域·高昌传》。
　　②两《唐书·西突厥传》均谓统叶护为射匮弟，但《资治通鉴》卷187唐高祖武德二年七月条称统叶护为射匮子。

苾部被强制迁徙，并分裂为东、西两支。统叶护之后，契苾西支又曾数度迁移，最终融合于回纥"外九姓"之中，至晚唐五代，能保留契苾部号者，仅数百帐。

史称统叶护可汗"战辄胜，因并铁勒"①。透露此前的铁勒只是沦为西突厥的属国，尚保持相对独立性。统叶护时代的铁勒契苾部，不再出现契苾（弊）歌楞的名字，应是此前歌楞业已不在人世。跃上历史舞台的歌楞之子葛②，正值铁勒国为西突厥吞并之时。史称契苾葛与其父"皆有勇"③，可见铁勒国破时，契苾葛当与统叶护有一场殊死较量。但史籍中找不到任何一点这方面的信息，仅记其率部西迁事：

> 契苾何力，其先铁勒别部之酋长也。父葛，隋大业中继为莫贺咄特勒，以地逼吐谷浑，所居隘狭，又多瘴疠，遂入龟兹，居于热海之上。特勒死，何力时年九岁，降号大俟利发。④

上引就契苾葛之所以率部西迁，罗列了诸多理由，含蓄

---

①《新唐书》卷215下《西突厥传》。

②按，《新唐书·回鹘传附契苾传》谓"莫贺咄特勒（勤）"（即契苾葛）为歌楞弟，同书《契苾何力传》则认为葛为歌楞子。证之《契苾明碑》，子为是。

③《新唐书》卷217下《回鹘传附契苾传》。

④《旧唐书》卷109《契苾何力传》。

地讲了西迁过程。但真相如何，似乎另有情况。且看下引：

> 统叶护可汗，勇而有谋，善攻战。遂北并铁勒，西拒波斯，南接罽宾，悉归之，控弦数十万，霸有西域，据旧乌孙之地。又移庭于石国北之千泉。其西域诸国王悉授颉利发，并遣吐屯一人监统之，督其征赋。西戎之盛，未之有也。①

这里讲了与契苾西迁有潜在联系的三个问题：一曰"北并铁勒"，二称"移庭"于千泉，三谓"西域诸国王悉授颉利发"。下边试分析这些问题，以求得契苾葛率部西迁的真相。

史籍中既云铁勒为西突厥所并，那就必然有个如何统治战败民族的问题。联想到契苾葛西迁，第一站为"遂入龟兹"，自然会使人感到这是统叶护对战败民族的一种强制迁徙。为了便于对契苾部尤其是其汗室一脉的控制，最稳妥的措施是将他们迁徙到西突厥王庭所在地附近。《旧唐书·西突厥传》称，射匮可汗建庭于龟兹北三弥山（今新疆库车县北哈尔克山）。而统叶护未移庭千泉（在今中亚伊塞克湖以西吉尔吉斯山）前，将亦设汗庭于此。这恰是契苾葛部被强行迁徙"遂入龟兹"的最好注脚。

在契苾葛部迁入龟兹不久，统叶护又决定将政治中心西

---

①《旧唐书》卷194下《西突厥传》。

徙至千泉。于是契苾葛部在新居席不暇暖，又被迫按可汗的意志随迁至热海（今中亚伊塞克湖）之上。这说明契苾西迁的根本原因并不在于故土"地逼吐谷浑，所居隘狭，又多瘴疠"，而是胜利者对战败者采取的一种便于役使乃至严厉惩罚的措施。

统叶护对西迁后的契苾部以何种形式进行统治？我们从其对西域诸国王"悉授颉利发"，"并遣吐屯一人监统之，督其征赋"的记载，并从前引契苾葛死后其子何力"降号大俟利发"，可以知道西突厥对契苾的控制有所松动，视其部为属国。虽然何力由"特勤"降号俟利发（即颉利发异写），但俟利发为属国国君号，且为大俟利发，有"评议"西突厥"国事"的特权，显示出其地位高于西突厥一般的属国国王。

但契苾何力家族在热海地区只待了十余年时间复又东迁：

〔贞观〕六年十月，契苾何力率其部六十（疑为"千"字）余家款塞，帝处之凉州。①

是什么原因促使何力非东徙投唐不可？出土于咸阳北原的何力孙契苾嵩的墓志中云：

母谓公（按：谓何力）曰："观汝志大，在此荒隅，

---

① 《册府元龟》卷977《外臣部·降附》。

非是养德。比闻大唐圣君，六合归之，四夷慕义，将汝归附，汝意如何？"公跪而言曰："实有诚心，若至中华，死而不恨。"将部落入朝，姑藏安置。①

自贞观四年（630）唐灭东突厥，大唐声威远播域外，诸蕃向慕而至络绎不绝，于是"四夷君长诣阙请上为天可汗"。②顺乎时代潮流，何力母子"慕义"归附，诚为契苾投唐的重要原因。但与西突厥内立、连战不息、形势不断恶化，更有直接原因。

贞观二年（628），统叶护可汗为其伯父所弑而自立，是为莫贺咄侯屈利俟毗可汗。莫贺咄原为小可汗，及此自称大可汗，遭到国人的强烈抵制。与契苾部接壤的右厢五弩失毕诸部另立泥孰莫贺设为可汗。泥孰不愿接受，复迎立在康居（今哈萨克斯坦东南）避祸的统叶护之子咥力特勤，是为乙毗钵罗肆叶护可汗。于是，西突厥两可汗伯祖与侄孙互相攻伐，连战不息，达数年之久。"其西域诸国及铁勒先役属于西突厥者，悉叛之，国内虚耗。"③既然铁勒等"悉叛"，当然契苾部也卷入叛垒。至何力投唐前，肆叶护在混战中得势，莫贺咄遁于金山（今阿尔泰山）后被泥孰所杀。可是，肆叶护"性

①周绍良主编：《唐代墓志汇编》1374页《契苾嵩墓志》。
②《资治通鉴》卷193唐太宗贞观四年三月，并见《唐会要》卷100《杂录》。
③《通典》卷199《边防典十五·西突厥》。

猜狠信谗"，且无统御之略，在既为大可汗后滥杀功臣，猜忌泥孰，导致"群下震骇，莫能自固"。又"大发兵北征铁勒"，反为薛延陀等所败。[①]肆叶护于众叛亲离、内外交困中，再次遁于康居而卒。在一派混乱的西突厥，当然不是有"大志"的契苾何力的"养德"之所，为寻觅"净土"，何力遂不远万里入朝。

应补充说明的是，当初铁勒国破亡、特勤契苾葛西迁时，契苾部有一支北徙于金山（今阿尔泰山）之北，降于东突厥。突厥史专家薛宗正先生认为：此北迁者为契苾东支，以别于居热海之上的西支。此支被异译为"车鼻"或"车鼻施"，东突厥可汗派突利部的阿史那斛勃为车鼻部的监国吐屯。东突厥为唐所灭后，余部大都投附于斛勃，并推立斛勃为君，遂以车鼻部名建号为乙注车鼻可汗，建牙于金山之北。可汗所统，除车鼻部外，还有拔悉蜜、哥逻禄、处木昆、拔塞干等部，实力可观。薛延陀破灭后，余部依车鼻可汗。可汗因支持薛延陀余部反唐复国，导致唐朝于贞观二十三年（649）、永徽元年（650）两次出兵讨伐，将军高侃生擒车鼻可汗，此政权遂亡。[②]此说疑问虽多，但值得重视。

薛宗正先生还认为：契苾何力等投唐后，尚有余部仍留居热海地带，即伊丽水（今伊犁河）至真珠河（今中亚纳伦

---

① 《旧唐书》卷194下《西突厥传》。
② 薛宗正：《突厥史》第六章，中国社会科学出版社，1992年。

河）流域的费尔干纳盆地一带，为车鼻施西支。至于契苾称谓，则为何力母子东徙河西降唐后的车鼻施改译。后来车鼻施西支发生了反唐叛乱，阿史那车薄即为领导这次反叛的领袖。突骑施汗国崛兴，车鼻施成为此一汗国三大主姓之一，后世涌现了车鼻施·苏禄这样的著名领袖。车鼻施人黑发、黑睛，属蒙古利亚种，同突骑施乌质勒、娑葛之裔的体质特征迥然有异。故二姓之争中苏禄之裔称黑姓可汗，以别于黄姓可汗。[1]果若薛氏所言，则西迁热海的一支，除返东而迁的六千家，其余则融合于西突厥突骑施部之中。

内附后，酋长契苾何力入朝，授将军，定居京师。母封姑臧夫人，与擢为贺兰府都督的何力弟沙门置家于凉州，直接管押部落，处于在蕃蕃将地位。自贞观七年（633）至十四年（640），何力曾多次被遣率领凉州契苾兵参与征讨吐谷浑、高昌的战争，屡建殊功，备受天子优崇，尚临洮县主。[2]

在唐时最为有名的契苾人为徙凉州（治姑臧县，今甘肃武威市）的六千户。

但凉州的契苾部，在贞观十六年（642），竟有大部分人远走碛北，叛逃于薛延陀汗国，乃至奉命归里探母的契苾何力也被挟持，献于薛延陀真珠毗伽可汗：

---

①薛宗正：《突厥史》第七章。
②《旧唐书》卷109《契苾何力传》；《新唐书》卷110《契苾何力传》。

先是左领军将军契苾何力母姑臧夫人及弟贺兰州都督沙门皆在凉州，上遣何力归觐，且抚其部落。时薛延陀方强，契苾部落皆欲归之，何力大惊曰："主上厚恩如是，奈何遽为叛逆！"其徒曰："夫人、都督先已诣彼，若之何不往！"何力曰："沙门孝于亲，我忠于君，必不汝从！"其徒执之诣薛延陀，置真珠牙帐前。何力箕倨，拔佩刀东向大呼曰："岂有唐烈士而受屈虏庭，天地日月，愿知我心！"因割左耳以誓。真珠欲杀之，其妻谏而止。①

消息传至朝廷，太宗为何力的大义凛然感动得落泪，以嫁新兴公主于真珠可汗为条件，求回何力。

何力的被执虽事出意外，但从契苾部落"皆欲归之"和何力母、弟"先已诣彼"看，叛逃阴谋当酝酿已久，绝非偶发性事件。经这年的集体大叛逃，凉州地区的契苾人当所剩无几。贞观六年特为内徙契苾部所置贺兰州都督府，至是废弃。

叛逃薛延陀的契苾部落结局如何？从贞观二十年（646）六月太宗的诏书中可略窥消息：

诏曰："……延陀恶积祸盈，今日夷灭，丑徒内溃，凶党外离，契苾送款来降，其余相率归附。唯仆骨、同

_____

①《资治通鉴》卷196唐太宗贞观十六年十月。

罗，犹怀假息……故欲暂往灵州，亲自招抚。"①

　　可见薛延陀穷途末路时，率先"送款来降"的是契苾部落。

　　太宗对契苾等归附十分高兴，更遣李勣与九姓铁勒共图薛延陀，李勣则派行军副总管刘仁愿"迎接车鼻，安抚九姓铁勒"②。此车鼻即漠北契苾部俟斤。是年八月，唐太宗在赴灵州（今宁夏灵武西南）途中，包括仆骨、同罗在内的铁勒十一姓酋长各遣使入贡，表示"归命天子，愿赐哀怜，乞置官司，养育奴等"③。太宗再次发布诏书：

　　　　其契苾车必俟斤及铁勒诸姓，回纥胡禄俟利发等，总统百余万户，散出北溟，远遣使人，委身内属，请同编列，并为州郡。……朕当暂幸灵州，亲抚归附。④

　　诏书中似乎点出了契苾酋长之名，但细推敲，颇多疑问。按，俟斤为铁勒诸中小部落酋长的官号，契苾则为部姓，而"车必"为"契苾"或"车鼻"的异写，又何尝不是姓氏！是"契苾车必俟斤"只道出了契苾酋长的姓氏和官称，其真正名字是什么？是否为何力弟沙门，就不得而知了。但可以肯定，

---

①《册府元龟》卷136《帝王部·慰劳》。
②《金石续编》卷21《刘仁愿纪功碑》。
③《资治通鉴》卷198唐太宗贞观二十年八月。
④《册府元龟》卷12《帝王部·告功》。

契苾俟斤所统部众即沙门母子原统或至少为原统的一部分，当无疑问。因为遍查史籍，再无其他契苾部人附薛延陀者。就是这支自凉州叛逃的契苾部，在薛延陀"内溃"时，因熟知朝廷优待降附的政策，所以率先内属。雄才大略的唐太宗隐其旧恶，既往不咎，且在诏书中将契苾排名铁勒诸部之首。但在贞观二十一年（647）以铁勒诸部置府州时，却以回纥等六部置府，契苾等七部置州，这当与铁勒诸降附部落的大小和酋长的位望高（如为俟利发）低（如为俟斤）有直接关系。

以契苾所置称榆溪州。《新唐书·回鹘传附契苾传》谓：贞观六年（632），契苾何力率部内属，"诏处之甘、凉间，以其地为榆溪州"。大误！当年寄治凉州的为贺兰州都督府，而榆溪州则是以河西契苾叛逃者置，其地必在漠北。按，同传又称："契苾亦曰契苾羽，在焉耆西北鹰娑川，多览葛之南。"鹰（或"应"）娑川，在今新疆焉耆回族自治县开都河上游，原为西突厥可汗两王庭之一所在，亦为契苾西迁前的主要分布地。《新唐书》"鹰娑川"云系指原居地，非谓自凉州叛逃后居"多览葛之南"的契苾部也。故《通典》等对漠北契苾的地理方位的记述则直截了当：

> 契苾羽在多滥葛南，两姓合居，胜兵二千。①

---

① 《通典》卷199《边防典十四·契苾羽》。并见《太平寰宇记》卷198《契苾羽》等。

而多滥葛的分布为：

在薛延陀东界，居近同罗水。[①]

又，契苾羽为契苾、苾羽"两姓合居"。但《唐会要》在介绍诸蕃马种时，竟出现契苾三姓马种：

契马，与阿跌马相似。在阎洪达井已北，独乐水已南，今榆溪州。

苾羽马，与回纥［马］同种。

契苾马，与碛南突厥［马］相似，在凉州阙氏岑，移向特勒山住。[②]

是漠北契苾或契苾羽部，竟为三姓之综合体！契苾、苾羽既为"两姓合居"，其地理分布应在"多览葛南"，即同罗水（今蒙古国土拉河）以南地带，而其中的契苾姓人的方位尤为具体，原居凉州（今武威）阙氏岑（今地待考），北迁后住于特勒山。特勒山当为特勒山之讹，即漠北名山乌德健山（今蒙古国杭爱山），东突厥、薛延陀、回纥均曾将汗庭建于

①《册府元龟》卷958《外臣部·种族》。
②《唐会要》卷72《诸蕃马印》。

此。乌德健山又称郁都军山，"在京师（按：谓长安）西北六千里"。①我们是否可以这样认识贞观十六年的凉州契苾的北迁线路：先至薛延陀可汗牙帐所在地，在特勤山一带游牧。后多数人东南迁徙于同罗水南更远的地方，并与当地人杂处，造成契苾、苾羽"两姓合居"的局面。再后，又与阎洪达井（今地不详，疑在"两姓"之南）以北契姓众融合，遂综合三姓为部号，以契苾羽为称。是契苾羽部除在特勒（勤）山有孑遗外，主要分布在今土拉河以东南的地带，榆溪州则置于主要为契姓种落的阎洪达井以北的地方。

《唐会要·诸蕃马印》还记有"处苾山马"。处苾应即"契苾"或"车鼻"异译。《会要》在行文时，将"处苾"排在"沙陀"之后，或为沙陀部分布地以北金山（今阿尔泰山）的车鼻施部落。

反映契苾部分布与迁徙情况的还有贺兰州及府的再置问题。

永徽元年（650）九月八日，因东突厥余孽车鼻可汗被执，"分其地置单于、瀚海二都护府""瀚海领金微、新黎七都督府，仙萼、贺兰等八州，各以首领为都督、刺史"。②此条史料大有问题。据岑仲勉先生考证："依本年制，此之单于，应改作燕然。"③而《旧唐书》更认为：贺兰州"寄在凉

①《旧唐书》卷199下《北狄·铁勒传》。

②《唐会要》卷73《单于都护府》。

③岑仲勉：《突厥集史》上册卷7，中华书局，2004年。

州界内。"①由是推知，贺兰州并非分东突厥车鼻可汗之地所置，而是分其部徙凉州界内复置于贞观十六年（642）废弃的贺兰州。至永徽四年（653），又以契苾部为贺兰都督府，隶燕然都护。②这当是州升府，且为废弃的贺兰府的复置。贺兰府州复置后的都督、刺史为谁？有迹象表明，很可能仍出自契苾何力家族，从《契苾明碑》和《契苾嵩墓志》等碑志资料所反映的情况看，至少自麟德中（664—665）起，何力的子孙曾相继兼任贺兰都督。③

唐代羁縻府州（又称蕃州）的设置原则是："即其部落列置州县。其大者为都督府，以其首领为都督、刺史，皆得世袭。"④由之提醒我们，贺兰州府的复置，应以凉州界的契苾已恢复为大部落为前提。此一问题。限于史料不足，只能试做某些分析。其一，贞观十六年的凉州契苾叛逃时，并未裹走全数部众。其二，漠北契苾返迁。从回纥部的"其都督亲属及部落征战有功者，并自碛北移居甘州界"⑤的记载看，贞观十六年叛逃碛北的契苾人，更有理由大批返迁故园。其三，外来户徙入。金山地带的车鼻施人应大量迁入，要不就不可

①《旧唐书》卷40《地理志三·凉州中都督府》。
②《新唐书》卷217下《回纥附契苾传》。
③《全唐文》卷187《契苾明碑》；《唐代墓志汇编》1374页《契苾嵩墓志》；《文苑英华》卷459《命薛讷等北伐制》等。
④《新唐书》卷43下《地理志七下·羁縻州》。
⑤《唐会要》卷98《回纥》。

能于凉州境重建贺兰州。

寄治凉州的贺兰州都督府，在武周政权时代，其所管部落更益壮大：

> 至则天时，突厥强盛，铁勒诸部在漠北者渐为所并。回纥、契苾、思结、浑部徙于甘、凉二州之地。①

但绝不是漠北契苾全数返迁。如开元三年（715）八月，郁射施大首领鹘屈利俟斤自后突厥率部降附，玄宗在授鹘屈利俟斤为左骁卫员外将军的同时，并赏赐其妻契苾氏丝织物一百五十段。同年十月，在漠北的契苾都督邪没施亦率部降唐，玄宗擢邪没施为右威卫将军。②此外，在开元十八年（730）、十九年（731年）、二十三年（735）、二十五年（737）的后突厥贡使中，均有车鼻施俟斤③，表明虽有开元初因后突厥中衰而契苾都督邪没施等率部降唐，但不久伴随着后突厥的复兴，漠北契苾部又成气候，以至于其部落都督（即车鼻施俟斤）为可汗所器重，屡被小杀、登利委以出使唐朝的重任。总之，漠北契苾虽有不少人返迁凉州和开元三年的契苾都督率部内属，但每经挫折之后，元气很快恢复，从未一蹶不振，一直为漠北较强的部落之一。

---

① 《旧唐书》卷199下《北狄·铁勒传》。
② 《册府元龟》卷974《外臣部·褒异一》。
③ 《册府元龟》卷971《外臣部·朝贡四》、卷975《外臣部·褒异二》。

就在漠北契苾旋衰旋兴的同时，凉州契苾却如日薄西山，很快衰落下去。至少有三桩大事在加速着凉州契苾的衰败过程。

其一，后突厥侵略。

据《旧唐书·许钦明传》，早在万岁通天元年（696），后突厥可汗默啜就曾亲率大军数万，兵临贺兰府所在的凉州城下，都督许钦明拒战，"久之，力屈被执"，后来钦明为默啜杀害。又据《大唐新语》，在许钦明被害之后，后突厥的铁蹄屡次光顾凉州，"频至城下，百姓苦之"。默啜之后的毗伽可汗（即小杀）表面与朝廷通好，一有机可乘，就入寇甘（今甘肃张掖）、凉等州，以其有契苾、回纥等部落可掠也。如开元八年（720）九月，小杀的最重要的谋臣暾欲谷统军入寇甘、凉二州，"凉州都督杨敬述为其所败，掠契苾部落而归"。两个月后，后突厥又寇凉州，"杀人，掠羊马数万计而去"。①

其二，在被诬事件中受到严重伤害。

唐代羁縻府州的行政管理体制中，存在着要接受边州都督、都护押领的重要管理环节。凉州界有回纥、契苾等部落所置蕃州（即羁縻府州），其都督、刺史统受凉州都督节度。开元十五年（727），凉州都督王君㚟以个人恩怨，向天子诬告瀚海府大都督回纥承宗等"潜有叛谋"。由是，回纥承宗长流瀼州（今广西上思县西南），皋兰府都督浑大德长流吉州（今江西吉水县东北），贺兰都督契苾承明长流藤州（今广西

---

①《旧唐书》卷8《玄宗纪》。

藤县东北），卢山都督思结归国长流琼州（今海南琼山县东南）。在京为官的契苾承明的父亲契苾嵩也被株连，贬为连州（今广东连县）别驾。由之激变回纥等部，瀚海府司马护输"乘众怨，共杀君㚟，梗绝安西诸国朝贡道"。朝廷派大军讨逐，护输等"退保乌德健山"[1]。乌德健山即漠北的今蒙古国杭爱山。在"众怨"难以遏制的情况下，契苾等部亦应卷入护输的反叛，也当有相当数量的契苾部众遁走漠北。

其三，"安史之乱"导致贺兰等府尽陷吐蕃。

在"安史之乱"中，哥舒翰曾率河西铁勒契苾等部落兵守潼关，致全军覆没，潼关陷落，领凉州契苾兵的将军契苾宁于兵败后不知所终。消息传至河西诸胡部落，引致一派混乱。据《通鉴》卷218肃宗至德元载（756）六月丙午条记：当诸胡闻其都护（督）"皆从哥舒翰没于潼关"时，因群龙无首，"争自立，相攻击"。于是朝廷赶快派在外的河西兵马使周泌为河西节度使，返镇"招其部落"。次年正月，凉州城内又爆发胡人聚众六万、杀节度使周泌的恶性事件，时凉州大城内有小城七个，反叛者竟据其五。内乱犹可平定，但对外患，朝廷则束手无策，至广德元年（763），吐蕃尽取河西陇右之地。以契苾所置贺兰州都督府，当然也就不复存在。

吐蕃占领凉州后的契苾去向如何？由于早在天宝初年回

---

①《旧唐书》卷103《王君㚟传》、卷195《回纥传》；《新唐书》卷217上《回鹘传》上。

纥汗国就已崛起漠北，同气相求，与回纥同为铁勒部族的契
苾，最有可能也是最好的归宿，是返迁漠北，与那里的契苾
人结合，并最后融合于回纥之中。唐后期许多铁勒部落不再
见于史籍，其根本原因就在于这些部落已完全融于回纥民族。
而契苾部虽有文献记载，但却是作为回纥的"外九姓"存在。
回纥有药罗葛（汗室姓）等"内九姓"构成回纥汗国的统治
阶层，而"外九姓"中除"回纥"外，则是作为拱卫可汗的
藩部出现：

> 一曰回纥，二曰仆固，三曰浑，四曰拔曳固，五曰
> 同罗，六曰思结，七曰契苾，……八曰阿布思，九曰骨
> 仑屋骨恐。①

其九姓部落，"一部落置一都督，于本族中选有人望者为
之"。②在回纥助平"安史之乱"中，从登里可汗征讨的就有
地位很高的名曰吐拨裴罗的车鼻（契苾）将军。他不仅敢于
斥责雍王（即以后的唐德宗）不懂礼数，不对可汗"舞蹈"，
而且榜捶朝廷大臣致死。③这个车鼻将军当出自"外九姓"中
的契苾部上层。

---

① 《唐会要》卷98《回纥》。
② 《唐会要》卷98《回纥》。
③ 《旧唐书》卷195《回纥传》；《新唐书》卷217上《回鹘传上》。并见
《资治通鉴》卷222唐肃宗宝应元年十月。

回鹘（元和四年回纥所易名）汗国破亡时，"外九姓"中的契苾不知所终，只有部分帐落南下附唐：

> ［太和］六年春正月……戊戌，振武李泳招收得黑山外契苾部落四百七十三帐。①

振武，方镇名，领单于都护府和麟、胜二州，治所在今内蒙古和林格尔西北。李泳时为振武节度使。黑山，在今内蒙古包头市西北。这支黑山外契苾部落的首领，有迹象表明，应即契苾何力的玄孙契苾漪。从其任胜州刺史兼本州押蕃落义勇军使②，可知其部落被安置于振武所管的胜州（今内蒙古准格尔旗东北黄河南岸十二连城）。契苾漪子契苾通作为"蕃中王子"随父投唐，官至振武节度使。③其族人契苾璋继通之后，亦曾授振武镇帅。④到唐末主哀帝即位的当年（905），振武曾发生一起由镇将契苾让牵头驱逐他姓镇帅的事件⑤，足以说明，自漠北归来的这支契苾部落，经数代人在振武经营，

---

① 《旧唐书》卷17下《文宗纪下》；《新唐书》卷217下《回鹘传附契苾传》；《册府元龟》卷977《外臣部·降附》将此条误置于元和六年条。

② 《全唐文补遗》第一辑第358页《契苾通墓志铭》；《全唐文》卷705《请何清朝等分领李思忠下蕃兵状》。

③ 《全唐文补遗》第一辑第358页《契苾通墓志铭》；《全唐文》卷705《请何清朝等分领李思忠下蕃兵状》。

④ 吴廷燮：《唐方镇年表》卷1《振武》。

⑤ 《旧五代史》卷52《李嗣昭传》。

这一带地方已成为他们的势力范围。

五代后唐时，振武移治于朔州（今山西朔州市），其所管契苾、退浑（即吐谷浑）等部族也随迁朔州附近。后唐明宗长兴元年（930）六月、七月，分别有"契苾指挥使李骨西等来朝"，"振武张方进呈纳契苾木书二封"的记事①，不仅说明振武一带集中大批的契苾部人，也透露出契苾部酋被赐国姓的史实。自是，史籍罕有契苾姓氏的记载，是否为其已融于李姓之中？

三

上云有唐一代，铁勒契苾部经频繁的迁徙和政治磨难，最终见于史载者只有自漠北归来的契苾何力之裔所统的四百余户。关于契苾何力后人的世系，已有学者作过很有见地的考证②，本文不再赘说，仅就个别遗漏和这个家族的某些特征，如文化修养、籍贯变迁、婚姻状况、蕃将世家等试作说明如下：

其一，文化特征。

契苾何力来自中亚，此前，由于西突厥尚未划入唐朝版图，其很少接触汉族文化，当无疑问。可是自贞观六年（632）入唐，仅十余年时间，就已具备很深厚的汉文学功底：

---

①《册府元龟》卷972《外臣部·朝贡五》、卷980《外臣部·通好》。

②陈根远：《唐〈契苾通墓志〉及相关问题》，载于《碑林集刊》1994年第2辑。

司稼卿梁孝仁，高宗时造蓬莱宫，诸庭院列树白杨。将军契苾何力，铁勒之渠率也，于宫中纵观。孝仁指白杨曰："此木易长，三数年间宫中可得阴映。"何力一无所应，但诵古诗云："白杨多悲风，萧萧愁杀人。"意谓此是冢墓间木，非宫中所宜种。孝仁遽令拔去，更树梧桐也。①

《白杨》诗见南朝梁昭明太子萧统所编《文选》中的《古诗十九首》，何力脱口诵出，足见其汉文学功力不凡。别说多数"不知书"的蕃将们难与比拟，就连一般汉将的文学修养也远不及何力。其子契苾明更是了不得，碑云：

> 亭亭有千丈之干，其高非易仰；汪汪如万顷之波，其深不可测。有硕学焉，有令问焉；擅班、马之雄辩，蓄灵蛇之雅作。……高名振朝野之际。②

碑志多谀辞，《契苾明碑》不无溢美之嫌，但正史中也有盛称契苾明"性淹厚喜学，长辩论"者③，可见出自蕃人将门的契苾明文武兼备，绝非武夫中的等闲之辈，碑文当有所据。

---

① 《隋唐嘉话》卷中。
② 《全唐文》卷187《契苾明碑》。
③ 《新唐书》卷110《契苾何力传附契苾明传》。

特别应称道的是，何力裔孙中的一支因避祸遁入漠北七十余年，至四世孙契苾漪时，于太和六年（832）携子归来，数年后其子契苾通擢振武都头。通承袭何力一脉"阅礼敦诗"的家风，尤喜同汉族士人交游：

> 契苾公乃为振武都头。权握万余兵，致名最盛。往来贤士君子，多游其门，饮食必精，沾赉必厚。虽由于大贤特达，并縣内成美也。①

可见成就契苾通好士好名声的，还有他的贤内助作用。家风如是，男女皆然。后来，契苾通官历胜、蔚（今河北蔚县）、仪（今山西左权县）、丹（今陕西宜川县）等州刺史。会昌二年（842）契苾通调离蔚州任所，受命统契苾等蕃兵征讨回鹘可汗，大诗人李商隐就有诗赠别与他。诗曰：

> 何年部落到阴陵，奕世勤王国史称。
> 夜卷牙旗千帐雪，朝飞羽骑一河冰。
> 蕃儿褢负来青冢，狄女壶浆出白登。
> 日晚鹍鹋泉畔猎，路人遥识郅都鹰。②

---

① 《唐代墓志汇编》2260页《契苾公妻何氏墓志》。
② 《全唐诗》卷541李商隐《赠别前蔚州契苾使君》。

《赠别》诗寄托了诗人同契苾通的深厚友情，既有对"奕世勤王"的契苾家族的称颂，又有对军旅环境艰苦的担忧，并坚信契苾通能旗开得胜，受到蕃儿狄女的襁负、荷浆式的热烈欢迎。由李商隐都"游其门"，可知其他文人骚客对契苾通当更是趋之若鹜。

据上，不难看出契苾何力家族的汉化程度之快速和高深。当然，这个家庭在文化上也保有蕃人的某些特征，如契苾何力被部下绑架后"割耳"明志，因唐太宗驾崩而陵侧割耳且"请杀身殉葬"①，以及在婚姻关系上偏重于同蕃姓联姻（此点后文将涉及），等等，都是蕃人固有风俗文化的反映。

其二，籍贯的变迁。

契苾何力家族早先的族出和地望一如前述。至何力世，诣沙州（今甘肃敦煌市）内属，被安置于凉州，遂以姑臧（即凉州治所武威姑臧县）为籍贯。然而由于这个家族成员有"在蕃"和"入朝"的区别，其籍贯竟有"姑臧"（或武威）、"京兆""神京"等多种差异。

当契苾何力的母、弟和部落被安置于凉州时，其母、弟等当然被认为是姑臧人。可是，何力本人却一直住在京师，授将军，尚县主，遂籍贯京兆，"望乃万年"。②万年为京城长安两县之一，大约相当于今西安市的东半部。至其子契苾明

①《资治通鉴》卷196唐纪太宗贞观十六年十月、卷199唐太宗贞观二十三年八月。

②《唐代墓志汇编》1374页《契苾嵩墓志》。

时，竟又一身三种籍贯：

> 君讳明，字若水，本出武威，姑臧人也。圣期爱始，
> 赐贯神京，而香逐芝兰，辛随姜桂，今属洛州永昌县，
> 以光盛业焉。①

是契苾明以时事变迁，竟一人累积有"姑臧""万年"
"永昌"三个籍贯。这种有多重籍贯的现象，在蕃将中并不少
见。如稍晚于契苾明的吐蕃降将论弓仁，其部落置于银州
（今陕西横山县东），朝廷即其部落设归德州，以弓仁为世袭
都督，是银州为论氏家族的籍贯。可是其家族又在京师静恭
里有私第，城南洪固乡有坟茔，因而京城也为其籍所系之地。
这种双重籍贯，就造成了其家族"因家自银州至于京兆"②的
奇特现象。若再加上其父、祖籍匹拨川（今西藏琼结县），则
一人亦有三重籍贯。

契苾明主要生活在武周政权时代，故其家族不仅在籍贯
上而且在姓氏上都打上了时代的政治烙印（其母、妻均赐姓
武氏）。随着李唐的复辟，契苾家族或称"凉州姑臧人也"③，

---

①《全唐文》卷187《契苾明碑》。
②《文苑英华》卷90《论惟贤碑》。
③《全唐文补遗》第二辑442页《契苾夫人墓志》。

或称"望乃万年"①，或因久遁漠北，讳言郡望②，再无人称曾"赐贯神京"。但万变不离其宗，契苾明次子嵩于开元十八年（730）薨于道州（今湖南道县西）别驾任所，契苾何力五世孙契苾通于大中八年（854）薨于振武镇（今内蒙古和林格尔县西北）官舍，其后人都不远数千里扶柩归葬京郊咸阳北原祖茔。这种叶落归根现象，反映了在何力裔孙的心目中，京兆万年县才是永恒的籍贯。

其三，婚姻状况。

与宗室联姻。唐太宗为酬契苾何力征讨吐谷浑殊功，"敕尚临洮县主"。③县主出自李唐宗室何枝，史籍阙载。县主长子契苾明的妻子为凉国夫人李氏，"唐胶西公孝义之长女也"。④李孝义系唐高祖李渊的堂弟开国功臣李神通之子。⑤唐代多有姑母与姑侄女同嫁一族者，颇疑临洮县主为李神通女。有趣的是，武则天当政时，凉国夫人同临洮县主"并蒙赐姓武氏"。⑥象征着即便是在武周政权下，两代人依然是同宗室联姻。

同他姓蕃人联姻。契苾何力还将女儿嫁于突厥贵族出身

①《唐代墓志汇编》1374 页《契苾嵩墓志》。
②《全唐文补遗》第一辑 358 页《契苾通墓志》。
③《旧唐书》卷 109《契苾何力传》。
④《全唐文》卷 187《契苾明碑》。
⑤《旧唐书》卷 60《宗室·李神通传》。
⑥《全唐文》卷 187《契苾明碑》。

的蕃将。1973 年 5 月出土于陕西礼泉县烟霞乡兴隆村西约 100 米处（即昭陵陪葬区内）的《契苾夫人墓志》称：

> 夫人姓契苾氏，……父何力，……夫人即公之第六女 也。……以妙年归我右金吾将军、常山县开国公史氏。①

据《唐会要》卷二十一《陪陵名位》，陪葬昭陵的共有三家史姓人：一为大将军史大奈及其子驸马都尉史仁表；二为原州都督史幼虔；三为大将军史奕。史大奈原为入隋的西突厥特勤阿史那大奈，以追随李渊从平长安功，赐姓史氏。②其子尚太宗女普安公主。③又，唐初有开国功臣史国人出身的"长安大侠"史万宝，但万宝不在昭陵"陪陵名位"数，可以排除史幼虔、史奕为史万宝之后。再，唐初开国功臣中，无汉人姓史者，亦应排除上二人为汉姓人之后。还有，唐初东突厥降酋中亦有单姓史者，如贞观四年（630）的北抚州都督曰史善应者，胡三省谓其"应亦阿史那种，史单书其姓耳"④。惜乎史善应亦不在昭陵陪葬名录。此外，东突厥贵族阿史那忠，被太宗妻以宗女定襄县主，赐"单称史氏"⑤，但

①《全唐文补遗》第二辑 442 页《契苾夫人墓志》。
②《新唐书》卷 110《史大奈传》。
③《元和姓纂》卷 6;《新唐书》卷 83《诸帝公主传》。
④《资治通鉴》卷 193 唐太宗贞观四年六月丁酉条胡注。
⑤《旧唐书》卷 409《阿史那社尔附阿史那忠传》。

在昭陵陪葬区出土的《阿史那忠墓志》，并无"单称史氏"的记述。在昭陵"陪陵名位"中还有东突厥阿史那社尔、[阿史那]苏泥热（孰）、李（阿史那）思摩、阿史那道真和西突厥阿史那步真等，而这些姓阿史那者，在开元中，都以诏命改为史姓和"注［籍］长安"①。契苾夫人卒于开元八年（720），其夫史氏，若不是改姓后的史幼虔或史奕（二者应是功臣阿史那氏的后人祔葬者），定是其他东、西突厥汗室的后人。故契苾夫人的丈夫的民族出身，别无选择，只能是突厥。

契苾何力的五世孙契苾通，夫人何氏，亦疑为出自蕃人：

> 夫人何氏，望在庐江郡，……考单于府兵曹参军讳□甫，其先皆有功劳，代为将家，门传武略，威名驰振，人皆慕也。②

唐代何姓人，多浪托庐江为郡望，乃至朝廷亦参与和助长这种附会。像晚唐时代的大将军、鄜坊丹延节度使何文哲，像陵州刺史何溢，像魏博节度使何弘敬，等等，都明明为中亚昭武九姓胡何国人出身，但爵封均为庐江郡开国公。③可见契苾通夫人"望在庐江"并不可信。攀附名人郡望，这是有

---

①《元和姓纂》卷5。
②《唐代墓志汇编》2260页《契苾公妻何氏墓志》。
③《全唐文补遗》第一辑282页《何文哲墓志》、347页《何溢墓志》；《旧唐书》卷18上《武宗纪》。

唐一代的社会风气，作为蕃人的何夫人家当更不会例外。何氏的父亲任单于都护府（治所在今内蒙古和林格尔县西北土城子）兵曹参军，而契苾通之父则任距单于府不远的胜州刺史，又同隶振武镇，加之同为蕃人，同气相求，故结为儿女亲家。又武宗会昌初，朝廷以银州刺史何清朝和蔚州刺史契苾通俱"是蕃人"，令二人各"管一厢"蕃兵，"受李思忠指挥"，以对骚扰振武一带的回鹘乌介可汗作战。[1]通与清朝早年俱效职于单于府，至是又"分将河东蕃兵诣振武"协同作战。[2]颇疑何清朝的父辈为契苾通夫人的父亲单于府兵曹参军何□甫。果如是，通夫人何氏的祖上当来自何国。

此外，有消息说，近年在宁夏某地出土的墓志中，有皋兰州铁勒浑氏同贺兰府契苾氏联姻记载，惜不得详。

同汉姓段氏联姻。在碑志资料中，还发现有契苾何力的曾孙女嫁于晋陵郡长史段承宗者。承宗出自武威士家大族段氏，为李渊太原起兵时元从功臣、"陪葬昭陵""图形于凌烟阁"的段志玄的曾孙，两《唐书》均有《段志玄传》。段承宗葬于大历十三年（778），其墓志云：

①《资治通鉴》卷246唐武宗会昌二年九月；《全唐文》卷705《请契苾通等分领沙陀退浑马军共六千人状》《请何清朝等分领李思忠下蕃兵状》。

②《资治通鉴》卷246唐武宗会昌二年九月；《全唐文》卷705《请契苾通等分领沙陀退浑马军共六千人状》《请何清朝等分领李思忠下蕃兵状》。

> 夫人姑臧县君契苾氏，皇云麾将军、守左威卫大将
> 军、武威郡开国公鉴之季女。①

契苾鉴为何力之孙。据《旧唐书·契苾何力传》，何力有明、光、贞三子。又据《契苾明碑》，明子有［摐］、嵩、崇等。而鉴为明子抑光、贞子，暂难确定。

联姻是一种政治行为，是通过论婚扩大自己实力的最有效的机会。首先，它讲究高攀。何力家族与宗室联姻，不仅是他们固有蕃人贵族地位得到承认的标志，也是他们置身最高层婚姻圈从而成为中原新贵的象征。其次，它重视门当户对。何力家族同蕃人贵族联姻，正是这方面情况的反映。再次，它偶尔也讲点突破。何力家族突破传统的蕃人婚姻圈，同汉人士族段氏论婚，不只表明他们汉化程度已深，也是他们希图挤入汉人士族阶层的尝试。总之，不论哪种情况，何力家族自始至终都未摆脱上层联姻的圈子，当然他们也绝不愿意选择其他。

其四，蕃将世家。

蕃人世代为将者，谓之"蕃将世家"。此概念为香港大学章群教授所发明。②契苾何力家族至少有六代人为将，时间跨

①李希泌编：《曲石精庐藏唐墓志》卷70《段承宗迁葬志》。
②章群：《唐代蕃将研究》，台北联经出版事业公司，1986年版。

度三百年，为典型的蕃将世家。

本人在十余年前撰写《唐代蕃将》书稿时，曾试将蕃将（即汉人之外的唐朝将领）分为入朝蕃将和在蕃蕃将以及综合型蕃将三大类。所谓入朝蕃将，是指那些已基本上脱离开本蕃并在内地（朝中或地方）任职、直接听命于朝廷调遣的蕃人将领；在蕃蕃将是指那些一般不脱离开本蕃，并受边州都督、都护或节度使押领的羁縻府州世袭唐朝官封的蕃人君长；综合型蕃将是兼有"入朝"和"在蕃"双重身份的蕃将。[①]蕃将世家契苾何力家族则三类蕃将俱全。

契苾何力家族每代至少有一人为在蕃蕃将或综合型蕃将。其余多为入朝蕃将。

第一代。何力弟沙门于贞观六年（632）至十六年（642）任贺兰府都督，因贺兰府即是内属的契苾部落所置，故沙门有直接治理部众的责任，其身份则为在蕃蕃将。何力则定居京师，累任诸卫将军、大将军，直接听命于朝廷，屡被遣出征讨，是谓入朝蕃将。

第二代。契苾明自小生长于京华，"孺褓授上柱国，封渔阳县公"。麟德中，以入朝蕃将改授贺兰府都督，遂为在蕃蕃将。后来，官至朔方道总管兼凉、甘、肃、瓜、沙五州经略使，而任贺兰都督依旧，兼有"入朝"和"在蕃"双重职任，应为综合型蕃将。其两个弟弟契苾光和契苾贞则于朝内为官，

---

①马驰：《唐代蕃将》，三秦出版社，1990年。

系入朝蕃将。

第三代。明长子契苾嵸袭贺兰都督，后与突厥战，"为虏所擒，荒外身亡"。次子契苾嵩遂以入朝蕃将身份，袭贺兰都督。嵩三弟崇则在朝为右钤卫郎将。疑为契苾光或契苾贞子的契苾峰为左武卫大将军、契苾崟为左威卫大将军。崇、峰、崟等当为入朝蕃将。[①]

第四代。此代情况比较复杂。约在开元初年或以前，贺兰都督契苾嵩"表请入朝侍奉，留子检校部落"[②]。其长子契苾承祖、次子契苾承明先后承袭贺兰都督。关于契苾承祖，正史阙载。但开元四年（716）正月的《命薛讷与九姓共伐默啜制》中透露，任西道副大总管的有左武卫将军兼贺兰州都督契苾承祖等，时承祖统有骑兵二万参与对后突厥可汗阿史那默啜的征讨。[③]既然上代贺兰都督契苾嵩入朝后留子检校部落，那么承祖无疑应为嵩子，其父子移交部落都督的时间绝不会晚于开元四年正月。开元十五年（727），发生王君㚟诬构回纥、契苾等四部落都督的事件，被流放藤州的贺兰都督是契苾承明而不是承祖，表明此前承明早已袭兄官位。袭位的原因最好的解释是承祖夭卒，故"兄终弟及"。承明被流放

---

①契苾何力以下三代人官职，见两《唐书·契苾何力传》《契苾明碑》《契苾嵩墓志》《契苾通墓志》《段承宗迁葬志》等。

②《唐代墓志汇编》1374页《契苾嵩墓志》。

③《全唐文》卷253《命薛讷与九姓共伐默啜制》。按，《文苑英华》卷459所载同一制书中，称契苾承祖统有五万骑兵。

后，谁又袭都督，史书阙载。所谓"首恶"回纥承宗长流后，朝廷犹安排回纥伏帝难为瀚海大都督，贺兰都督不可能没有人接任。从天宝十四载（755）哥舒翰守潼关时，"契苾宁以本部隶麾下"可知，契苾宁当继承明之后为贺兰都督。① 契苾宁当与承明等同辈，并理应为何力曾孙，但应排除为契苾嵩之子。由于潼关失守，契苾宁及所领契苾兵同主帅哥舒翰一道全军覆没，逃归者仅有思结都护（督）思结进明等极个别人。由是导致凉州境内的铁勒诸部自相攻伐，争夺酋长地位。混战未已，吐蕃压境，为逃避劫难，时在凉州的契苾峰携子嘉宾率契苾部北投回纥汗国。其迁徙漠北的时间应在至德元载（756）至广德元年（763）之间。

第五、六代。太和六年（832），因回鹘政衰、破亡在即，漠北契苾部的一支，即契苾峰之孙、契苾嘉宾之子契苾漪率四百七十三帐南徙至黑山（在今内蒙古包头市西北）北部一带，被振武节度使招抚，安置于胜州（今内蒙古准格尔旗东北）境内。何以知"黑山外契苾部落"为契苾漪所统？理由有二：①宰相李德裕称契苾通为"蕃中王子"。会昌二年（842），为解除回鹘乌介可汗对振武和天德军（今内蒙古乌拉特前旗东北）一带的骚扰，宰相李德裕采取"以夷制夷"的策略，命新降回鹘王子李思忠（嗢没斯赐名）率部下回鹘将士讨击。为壮大思忠部实力，遂命蕃将银州刺史何清朝和蔚

① 《新唐书》卷135《哥舒翰传》。

州刺史契苾通分统沙陀、退浑、契苾等部落兵归李思忠统一指挥。既而又担心契苾通等"不受思忠指挥",在举棋不定之后又分析契苾通的情况:

> 契苾通本自蕃中王子,先在蔚州,且遣分领,必上下情通,更无所虑。又思忠虽志诚效顺,然使用之初,亦未可独任;汉将分领,事亦得宜。契苾通等虽是蕃人,任使已熟,切更诚励,岂敢不顺思忠![①]

李德裕的一席话道出了契苾通来历的真相:原来他"本自蕃中王子"。这就充分说明通父漪应为"黑山外契苾部落"的酋长。至于"任使已熟",则指通自太和六年(832)随父降唐,"始效职于单于府,即居上介","都督贺兰府事",又迁振武"都押衙马步都知兵马使"(即所谓"振武都头"),"次授东受降城","后历胜、蔚"等州刺史。[②]至会昌二年(842),已兼有"在蕃"和"入朝"蕃将职任整十年时间。其官号中有"都督贺兰府",说明曾以"黑山外契苾"复置贺兰府。但由于河西尚未收复,贺兰府只能设在契苾部落所在的胜州。又,其在蔚州刺史任上,就已分领蕃兵,说明他自胜州徙职蔚州时,当带有本部契苾兵过去。契苾通应为其家族中第六代综

---

①《全唐文》卷705《请何清朝等分领李思忠下蕃兵状》。
②《全唐文补遗》第一辑358页《契苾通墓志》。

合型蕃将。②从契苾漪的官称中可知他原为契苾部酋长。契苾漪的官号为皇持节都督胜州诸军事、胜州刺史，充本州押蕃落义勇军等使。①这说明契苾漪率部接受招安后，以其部置义勇军，以漪为军使，因部落被安置于胜州，朝廷又擢其为胜州刺史。至于漪父嘉宾任"云麾将军，左金吾卫大将军兼庐州郡太守"②，则当为漪、通父子贵显后朝廷对其父祖的追赠官职。胜州为边州而非蕃州（即羁縻州），故既管政又管军的胜州刺史应归入"入朝蕃将"之列，但契苾漪又直接统押本部落，又带有"在蕃蕃将"性质，故其身份应同其子一样，为"综合型蕃将"。

第七代。契苾何力家族第六代蕃将契苾通于对回鹘作战胜利后，又历仪（今山西左权县）、丹（今陕西宜川县）二州刺史、"宣谕突厥使""大将军充街使"、振武节度使。大中八年（854）薨于振武官舍。其子十一人，除早夭和"幼小未仕"外，大都在朝内或诸藩镇任武官。表明第七代人多为入朝蕃将。那么，由谁来管理部落或在部落所在地区任职呢？从中和元年（881）至四年（884）的振武节度为契苾璋③，推知契苾璋可能袭契苾部落领袖。关于契苾璋事迹的史料，除自振武帅任上入朝改拜右武卫上将军外④，其他资料均反映其

---

① 《全唐文补遗》第一辑358页《契苾通墓志》。
② 《全唐文补遗》第一辑358页《契苾通墓志》。
③ 吴廷燮：《唐方镇年表》卷1《振武》。
④ 《文苑英华》卷401《授契苾璋咸卫上将军制》。

活动范围在振武地区，仅偶尔出境同沙陀李克用争战。[①]按，契苾通诸子中长子庆郎、次子公度，均于通生前夭亡，其他九子为公文、公应、公廉、公庑、公瑜、公武、公约、公绶、公廙。其中之公文，其官职为□贺□□□□兼节度押衙[②]。若将阙字补为贺兼节度押衙，则豁然贯通；其长兄、次兄既然早死，其当然应为事实上长子，由其承袭蕃州官长，自在情理之中。是继通之后，兼部落都督者非公文莫属。而公文由振武节度押衙终至镇帅，尤为顺理成章。岑仲勉先生认为，"璋殆亦何力之裔"[③]，所见极是。若璋为公文易名，或璋为名，公文为字，则不无可能，且讲得通。是璋（或曰公文）为何力家族第七代蕃将中的代表人物。

唐亡前夕，有振武将契苾让者，有可能为何力家族中的第八代蕃将，即便同何力一脉无直接血缘关系，契苾让应为黑山契苾部落出身。

（原载《法门寺文化研究通讯》第 11 期——《98 法门寺唐文化国际学术讨论会专号》，陕西人民出版社，2000 年）

---

①《资治通鉴》卷 254 唐僖宗中和元年、二年。
②《唐代墓志汇编》2260 页《契苾公妻何氏墓志》。
③《唐方镇年表》附岑仲勉《唐方镇年表正补》。

沙吒忠义的族出及事迹考

　　仕唐蕃将沙吒忠义，屡见于两《唐书》《资治通鉴》等记载，但迄今为止，至少在中国唐史学界尚无人对其作专门论述。鉴于沙吒忠义在武则天、唐中宗时代的军事、政治舞台上曾扮演过重要角色，早在十多年前，张群、马驰就于各自的专著中对沙吒忠义族出百济和部分事迹有所涉及。[①]1996年，在韩国忠南大学校召开的百济史国际学术讨论会上，马驰再次提到沙吒忠义的问题，受到与会学者的关注。此外，在同卞麟锡教授和韩国新闻媒体的交往中，马驰更屡屡谈到应给沙吒忠义以应有的重视。值得庆幸的是，卞教授已在新近的著作中对沙吒忠义作了简介。[②]韩国 HIM 制作公司和中国北京新弘影视文化公司等部门亦做出规划，拟就沙吒忠义的在唐事迹，对马驰做专题采访。

---

①章群：《唐代蕃将研究》，台北联经出版事业公司，1985年；马驰：《唐代蕃将》，三秦出版社，1990年。

②卞麟锡：《唐长安的新罗史籍》，（韩）亚细亚文化社，2000年。

基于在韩国能产生抛砖引玉的考虑，我们拟就沙吒忠义的族出和主要事迹简说如下：

其一，关于沙吒忠义的族出。

古今学者在沙吒氏和沙吒忠义的族属问题上颇多枝节，至少有五种意见：即"北蕃舍利部大人"说、"代北复姓"说、"沙陀"说、"契丹猛将"说、"百济"说。

持"北蕃舍利部大人"说者为唐人林宝的《元和姓纂》。该书称，沙吒氏出自"北蕃酋帅舍利部大人，因氏焉。龙朔中，右威卫大将军沙吒阿博曾孙葛丹兼御史大夫赐姓李氏名奉国，从兄弟澄，武卫大将军"。[①]但南宋史学家郑樵发现《姓纂》记载有严重错误，他认为所谓"沙吒阿博"乃"舍利阿博"之讹。[②]前贤岑仲勉先生亦通过考证认为："验诸《通志》，乃知此（按，谓沙吒）乃'舍利'之文，否则不得云'因氏'也。"[③]其实，正史中也有不少资料可辨《姓纂》之误。如两《唐书·李光进传》及附传均称葛旃（即"丹"）姓舍利，为中晚唐时代的名将铁勒阿跌部出身的李光进、李光颜兄弟的姐夫。并云舍利葛旃"善骑射"，"光进兄弟少依葛旃，因家于太原"。[④]"北蕃"通常为分布于大唐北边的东突厥（或后突厥）、铁勒等北方民族的代称，唐太宗平定东突

---

①林宝：《元和姓纂》卷5《沙吒氏条》。

②《通志》卷29《氏族略五》。

③岑仲勉：《元和姓纂四校记》，商务印书馆，1948年。

④《旧唐书》卷161、《新唐书》卷171《李光进传》及附《李光颜传》。

厥后，曾以舍利部置舍利州，隶于云中都督府（治今内蒙古和林格尔县西北土城子）。①可知舍利阿博、舍利葛旃（即李奉国）、舍利澄族出突厥舍利部贵姓，与沙吒氏无涉，只是由于《姓纂》资料错置，才将二姓混为一谈。附带指出两点：一是章群先生在断沙吒氏族出百济（按，这无疑是正确的）的同时，却又认为阿博一系为百济人，让人殊难理解。二是突厥舍利氏虽同三韩人无瓜葛，却是唐渤海国王室的本源。据《新唐书·渤海靺鞨传》，渤海郡国的缔造者大祚荣之父的姓名为舍利乞乞仲象。是乞乞仲象应来自突厥舍利部落，原为颉利可汗的右部之一。由之可知，渤海王室大氏，既非靺鞨，更不是"高丽别种"。②

"代北复姓"说出自《通志》。该书将长孙氏等144个复姓统归入"代北复姓"条下，且认为其中的契苾、阿跌、仆固、高车、哥舒、执世、舍利、沙吒、沙陀、苏农、似和、大拔、啜刺等共十四姓，"并唐朝归化"。③这里需要说明的是，魏晋以降的"代北复姓"，主要是指"五胡"种的匈奴、鲜卑等民族，而唐代新归化的"代北复姓"，则专指突厥、铁勒等汉化倾向浓重者。说得明白点，《通志》将沙吒氏归入其中，依然未跳出《姓纂》所误置的"北蕃"怪圈。

在《姓纂》把不相干的"沙吒""舍利"二氏合而为一的

①《新唐书》卷43下《地理志·羁縻州》。
②马驰：《李光弼》，陕西师范大学出版社，1996年。
③《通志》卷25《氏族略一》。

同时，在"沙陀氏"条下，系入"神龙骁卫大将军郕国公沙陀忠义"的内容。按，武则天、唐中宗时期的郕国公为沙吒忠义，忠义为沙陀氏说，错误显然。

最近，又有学者称沙吒忠义为"契丹猛将"[1]，此说更不知缘何形成。

其实，沙吒氏和沙吒忠义不论氏族出东、西突厥说，还是"契丹猛将"说，统统是错误的。马驰早于二十世纪八十年代初在为《唐代蕃将》积累资料时，就发现多条有关沙吒氏族源的文献，如于武则天晚年曾数度拜相的李峤，就至少撰有两道与沙吒忠义有关的制诰传世，并透露了忠义的族出。其《封右武威卫将军沙吒忠义郕国公制》称：

> 清边中道前军总管、冠军大将军、行右武威卫将军、上柱国、宾山郡开国公沙吒忠义，三韩旧族，九种名家，夙奉戎麾，遂参文卫。蕃夷豕荐，虏骑蜂屯。频出奇谟，屡摧凶党。昔临雁塞，能羁缚马之妖；今拒狼河，更剪奔鲸之孽。勤功允著，诚效克宣。宜酬矢石之劳，用广山河之赋。可封郕国公，食邑三千户。[2]

上引明确指出沙吒忠义来自"三韩旧族，九种名家"。所

---

①李鸿宾：《唐朝朔方军研究——兼论唐廷与西北诸族的关系及其演变》，吉林人民出版社，2000年，第72页。
②《文苑英华》卷416《中书制诰》。

谓"三韩"，乃指高丽、百济、新罗三国；所谓"九种"，是说今朝鲜半岛、日本列岛和中国东北的沿边地带，在古代曾居住分布着玄菟、乐浪、高丽、倭人等九种"东夷"；所谓"旧族""名家"，则谓沙吒忠义来自三韩的贵族、贵姓之家。又，李峤《授沙吒忠义等官爵制》称忠义"辽东壮杰，名盖于狼河"。辽东泛指"三韩"，狼河谓辽水或高丽旧郡所置狼川郡。不管怎么说，沙吒忠义原为"三韩"人，则确定无疑。那么，又如何能断定其为三韩之一的百济人？理由有二：一是两《唐书·刘仁轨传》等载，在唐朝占领军镇压百济余部反抗中，与黑齿常之一道降于刘仁轨的还有"百济首领沙吒相如"。①可见沙吒氏为百济豪族土著。二是据《隋书·百济传》等载，百济"国中大姓有八族"，而沙氏则列为"八族"之首。从百济王室"夫（或扶）余氏"屡被正史简称为"余"②，可推知沙吒氏当为百济八大贵姓之首的沙氏略称。

其二，试说沙吒忠义家世的间接信息。

由于沙吒忠义正史无传，有关他的家世，只能从一些间接资料中，捕捉到某些信息。

沙吒忠义首次见于正史记载的时间，为武则天长寿三年（694年）。是年三月，女皇命内宠薛怀义为朔方道行军大总管，率契苾明、曹仁师、沙吒忠义等十八将军，以遏止后突

---

① 《旧唐书》卷84《刘仁轨传》。

② 《魏书》卷100《百济传》；《周书》卷49《百济传》；《北史》卷94《百济传》。

厥可汗阿史那默啜对灵州（治今宁夏灵武县西南）的侵犯。①
在这之前，有关沙吒忠义的直接信息，史书中竟无只字报道，
而涉及百济沙吒氏的，也仍只有上述龙朔三年（663）降唐的
"百济首领"沙吒相如。现全录《册府元龟》中的一段有关相
如的史料，或者可以由中推测到沙吒忠义家世的某些消息：

> 刘仁轨为带方州刺史，与熊津道行军总管孙仁师、
> 都督刘仁愿大破百济，唯贼帅迟受信据任存城不降。先
> 是百济首领沙吒相如、黑齿常之自苏定方军回后，鸠集
> 亡散，各据险以应福信。至是率其众降。仁轨谕以恩信，
> 令自领子弟以取任存城。又欲分兵助之。仁师曰："相如
> 等兽心难信，若授以甲仗，是资兵也。"仁轨曰："吾观
> 相如、常之，皆忠勇有谋感激之士，从我则成，背我则
> 灭，因机立效，在于此日，不须疑也。"于是给其粮仗，
> 分兵随之。遂拔任存城，迟受信弃其子，走投高丽。于
> 是，百济之余烬悉平，仁轨［愿］与仁愿［轨］振旅而
> 还，诏仁轨代仁愿率兵镇守。②

这条资料向我们透露了以下信息：一、沙吒相如排名在
以后成为入唐名将的黑齿常之之前，可见相如在故土的社会

---

①《资治通鉴》卷205则天后长寿元年三月甲申条。
②《册府元龟》卷405《将帅部·识略四》。

地位高于常之，而常之原为百济的"达率兼郡将"①，相如原官职当不低于常之。二、沙吒相如与黑齿常之反戈一击，最终结束了长达三年的百济余部的反叛，因之同立了不世之大功。由是，常之累迁沙泮州刺史、左领军将军兼熊津都督府司马，爵封浮阳郡开国公。②既然在论功时相如在常之前面，那么相如在唐于百济故地所置的羁縻府州中的官封，亦不可能低于常之。三、沙吒相如与黑齿常之同为刘仁轨最为信任的百济"忠勇有谋感激之士"。有迹象表明，常之的入唐和发展，得益于已为宰相的刘仁轨的推荐。③既然相如亦为仁轨的爱将，因仁轨招引而入仕唐朝本土，将不无可能。四、黑齿常之入唐后，"隶为万年县人"。万年为唐都长安城两县之一，如果沙吒相如入唐为官，其新籍贯亦当隶于京师的两县之一（长安县或万年县）。联想到相如曾"领子弟以取任存城"，假若他入籍长安果有其事，其子弟亦当然会随至京城，籍贯于长安县或万年县。有记载的京师中姓沙吒的人极为罕见，除平时在京、战时被遣出征的沙吒忠义外，还有肃宗时讨安史之乱新立功、"恩宠殊等"的"蕃将沙吒利"，其宅第则在万年县的道政坊附近。④由于沙吒为京城中的稀姓，沙吒忠义、沙吒利为沙吒相如子孙后裔，亦极有可能。五、黑齿常之约

①《旧唐书》卷109《黑齿常之传》。

②李希泌：《曲石精庐藏唐墓志》25《燕国公黑齿常之墓志》。

③马驰：《〈旧唐书·黑齿常之传〉补阙及考辨》。

④《太平广记》卷485《柳氏传》。

在上元三年（676）入唐，以60岁暴终于永昌元年（689），而
其子黑齿俊则以31岁病卒于神龙二年（706）①，也就是说，
常之约在47岁左右即在其入唐前后时才得子。沙吒相如与黑
齿常之为同辈人，估计年龄不会相差太大。如果二人同时入
唐，且假定忠义即相如之子，鉴于长寿三年（694年）即在黑
齿俊年纪18岁时，忠义就已官至将军，可推知忠义应出生于
百济本土，其年龄要比黑齿俊大得多。

在唐代，一个武官要熬到将军位上，实在难乎其难。除
主要靠战功迁升外，其门资背景更不可忽视。黑齿常之有那
么大的声望，其子黑齿俊临终前也不过做到中郎将的官位。
而沙吒忠义早在黑齿俊官擢中郎将的十三年前，就已是青史
留名的"十八将军"之一。这一方面表明其早期的军事活动
中曾频立战功，另一方面更透露出他出身于一个显赫的蕃将
世家，而这个世代簪缨之家的最初掌门人，舍沙吒相如又能
其谁！

其三，沙吒忠义的军事活动。

自武则天长寿三年（694）迄唐中宗神龙二年（706），沙
吒忠义曾率军参加过四次对后突厥和契丹的军事行动。据正
史记载，似乎战绩都不佳，但我们并不这么看。试说如下：

1. 参与遏止长寿三年（694）后突厥对灵州的入侵。

后突厥阿史那默啜一即可汗位即谋南下，长寿三年

---

① 《曲石精庐藏唐墓志》30《黑齿俊墓志》。

（694）初，"始攻灵州，多杀略士民"。由于朝廷认真备战，以女皇挚爱亲信为行军统帅，以宰相为行军司马，以蕃汉著名将领如李多祚（靺鞨人）、契苾明（铁勒人）、沙吒忠义等将军分统十八路大军征讨，先声夺人，所以入寇者闻风遁逃，虽然"不见虏，还"①，但却起到兵不血刃而边患解除的上好效果。

2. 以清边中道前军总管的身份参加对契丹反叛势力的镇压。

万岁通天元年（696），营州契丹松漠都督李尽忠和内兄归诚州刺史孙万荣举兵造反。叛军攻陷营州（治今辽宁朝阳市），杀都督赵文翙，攻城略地，所向皆下。乃至进围檀州（治今北京密云区），攻破冀州（治今河北冀州市），并在黄麞谷（在今河北卢龙县西）战役中全歼迎战的官军。复于东峡石谷（在今河北卢龙东）战役致官军主帅王孝杰战殁。为煞住叛军不可一世的气焰，武则天于万岁通天二年（697）四、五月间，在既遣侄子河内王武懿宗为神兵道行军大总管后，又以御史大夫娄师德为清边道副大总管，右武威卫将军沙吒忠义为清边中道前军总管，率兵二十万讨契丹。②与之同时，突厥默啜可汗也以援兵助战，竟剿了契丹在营州西北400里修筑的新城据点。被契丹叛酋挟持造反的奚族兵众更反戈一击，

①《新唐书》卷215上《突厥传上》。
②《册府元龟》卷986《外臣部·征讨五》。

为朝廷效力。就这样，用了仅两个月的时间，就平定了历经三个年头的契丹反叛势力。虽然正史中对沙吒忠义的战绩语焉不详，但战后论功行赏时，朝廷盛赞他"频出奇谟，屡摧凶党"，还追述其过去在代北地区备御后突厥的功劳，"昔临雁塞，能羁缚马之妖"，并进一步表彰他能再立新功，"今拒狼河，更剪奔鲸之孽"。由于"勤功允著，诚效克宣"，所以爵封由眉山郡开国公（正二品）升为郿国公（从一品）。①唐朝前期爵封制度不封异姓王，对非宗室出身的人来说，地位能升至国公，就算是封爵达到了光辉的顶点。

3. 兼两道行军总管，追蹑北遁蕃寇

圣历元年（698）八月，后突厥默啜率众袭靖难（在今陕西彬县）、平狄（在今山西代县）、清夷（在今河北怀来县）等军，靖难军使慕容玄崱竟以该军五千兵众投降后突厥。"贼军由是大振"，"进寇妫（治今河北涿鹿县西南）、檀（治今北京密云区）等州"。为抗御内寇北蕃，武则天命司属卿、高平王武重归为天兵中道大总管，右武威卫将军沙吒忠义为天兵西道前军总管，幽州都督张仁亶为天兵东道总管，"率兵三十万，以讨默啜"。②诸路大军尚未来得及开赴前线，默啜就已攻破蔚州飞狐（在今河北涞源），并进残定州（治今河北定州市），杀刺史孙彦高，复攻围赵州（治今河北赵县），入城

①《文苑英华》卷416《封右武威卫将军沙吒忠义郿国公制》。
②《册府元龟》卷986《外臣部·征讨五》。

杀刺史高睿，兵锋直达相州（治今河南安阳市）。由于河北危急，"诏沙吒忠义为河北道前军总管，李多祚为后军总管，将军嵋夷公福富顺为奇兵总管，击虏"。又拜新立皇太子为行军大元帅，宰相狄仁杰为副元帅，率将军扶余文宣（百济人）等六人为子总管，浩浩荡荡进军河北。"默啜闻之，取赵、定所掠男女八九万悉坑之，出五回道去"。①及至朝廷大军赶至，默啜早已遁走。史称："沙吒忠义等但引兵蹑之，不敢逼。"连副元帅狄仁杰"将兵十万追之"也"无所及"。②时默啜兵锋正锐，且突厥铁骑来去如风，所向无敌，故"河朔诸州怖其兵威，不敢追蹑"。③在一派恐敌氛围中，仅有沙吒忠义和宰相狄仁杰敢于引兵追蹑敌后，这在当时的形势下亦算难得。

4."鸣沙之役"惨败，沙吒忠义坐此免官

公元698年之后，沙吒忠义的军事活动史书阙载。但宰相李峤所撰《授沙吒忠义等官爵制》透露：这时的忠义主要在"右奉宸卫内供奉"，即宿卫宫禁外，还曾"轻赍绝险，以应青丘之别军"，大概是清剿契丹叛党余部。由于"屈指告捷，未待于经年"，所以受到朝廷褒奖并迁官转职。④到唐中宗复位后，沙吒忠义官职的迁升更达到了其一生职履的顶峰，在"鸣沙之役"前，官至骁卫大将军（正三品武职事官，统领宫

①《新唐书》卷215上《突厥传上》。
②《资治通鉴》卷206则天后圣历元年九月。
③《资治通鉴》卷206则天后圣历元年九月胡注引《统纪》。
④《文苑英华》卷416《封右武威卫将军沙吒忠义郕国公制》。

廷警卫之法）、灵武军大总管。然而，由于神龙二年（706）的"鸣沙之役"惨败，自是沙吒忠义地位一落千丈。

据《通鉴》等载，神龙二年（706）十二月己卯（九日），"突厥默啜寇鸣沙，灵武军大总管沙吒忠义与战，军败，死者六千余人。丁（辛）巳（十一日），突厥进寇原、会等州，掠陇右牧马万余匹而去。免忠义官"。①按，灵武军大总管应即朔方节度使的前身，灵武军大本营当在今宁夏灵武市西南。其大总管所统诸军应主要为备御突厥而设，从西、北两个方向构成保护京师不受突厥骚扰的重要军事屏障。该军具有举足轻重的战略地位。鸣沙，即鸣沙县，在今宁夏青铜峡西南黄河东岸丰安县故城。原州，治所在今宁夏固原市。会州，治所在今甘肃靖远县。关于唐军鸣沙之役惨败的原因，在次年正月右补阙卢俌的上疏中，曾作过一些分析。他认为："蕃将沙吒忠义等身虽骁悍，志无远图。此乃骑将之材，本不可当大任。"这是从忠义的个人修养、自身条件的局限找战役失败的原因，也间接批评了朝廷的选帅不当。卢俌进而指出沙吒忠义的直接责任："鸣沙之役，主将先逃。……中军既败，阵乱矢穷。义勇之士，犹能死战。"可见鸣沙之役中，沙吒忠义作为主将竟临阵率先脱逃，造成麾下将士的重大牺牲和原、会等州的劫难。

尽管沙吒忠义对鸣沙之败难辞其咎，但不能以成败论英

---

① 《资治通鉴》卷208唐中宗神龙二年十二月。

雄。敌我双方实力对比的悬殊、战场形势的瞬息万变都极大地影响着战局。尤其是沙吒忠义面对的是凶悍的突厥骑兵，早在隋末时，李渊就对其"惟恃骑射""风驰电卷""与之角战，罕能立功"深有感触。[1]敌强我弱的客观条件，大概是鸣沙之役惨败的主要原因。卢侗讲沙吒忠义是"骑将之材"而不是帅才，且对其既往的作战"骁悍"给予肯定，这种评价应当说是中肯的。

其四，沙吒忠义之死。

沙吒忠义被免去灵武军大总管后，被降级使用，以将军身份在宫禁宿卫。政治失意又不甘寂寞的忠义，半年后因参加了一次不成功的宫廷政变而命丧无常。

中宗景龙元年（707）七月辛丑（六日），在长安太极宫发生了一起未遂的宫廷政变，《通鉴》比较详细地记述了政变的过程：

> 太子与左羽林大将军李多祚、将军李思冲、李承况、独孤祎之、沙吒忠义等，矫制发羽林千骑兵三百余人，杀[武]三思、[武]崇训于其第，并亲党十余人。……太子与多祚引兵自肃章门斩关而入，叩阁索上官婕妤。……多祚先至玄武楼下，欲升楼，宿卫拒之。多祚与太子狐疑，按兵不战，冀上问之。宫闱令石城杨思勖在上侧，请击

---

①《大唐创业起居注》卷1。

之。多祚婿羽林中郎将野呼利为前锋总管，思勖挺刃斩之，多祚军夺气。上据槛俯谓多祚所将千骑曰："汝辈皆朕宿卫之士，何为从多祚反？苟能斩反者，勿患不富贵。"于是千骑斩多祚、承况、祎之、忠义，余众皆溃。①

自武则天神龙元年（705）迄玄宗开元元年（713），在不到十年的时间内，曾先后于洛阳和长安发生过四次宫廷政变。第一次旨在逼武则天退位，复辟李唐；第二次是为了清君侧，铲除乱政的后党；第三次拥立了睿宗复位；第四次排除了太平公主干政，玄宗登上了皇帝宝座。四次中有三次获得成功。第二次之所以失败，原因之一是缺乏高人幕后策划和支持，加之仓促起事，未来得及充分酝酿和准备。四次政变虽然属于上层统治者内部矛盾性质，但都有诸多积极意义。如果没有这些繁多的变数，不唯李唐复辟不能水到渠成，"开元盛世"的局面亦将推迟出现。特别应指出的是，四次政变都有蕃将发动和参加，仅李多祚（靺鞨人）就发动过两次。至于百济裔沙吒忠义，从其与李多祚屡为战场上的搭档，同时又来自唐帝国东北境内外，笔者坚信他一定也参加过为李唐反正的首次政变。沙吒忠义等参与朝廷上层的权力争夺，标志着蕃将们的政治觉醒，他们不再满足于单纯的从事军事活动，他们要参政议政，要以积极的角色置身于唐朝最高的政治舞

---

①《资治通鉴》卷208唐中宗景龙元年七月辛丑条。

台。

　　就才能和战功而论，沙吒忠义当然要比名将黑齿常之逊色得多，但就政治觉悟言，逆来顺受的常之又哪里能同忠义相比！"成者王侯败者贼"，设若政变成功，沙吒忠义的前途将不可限量，其对唐朝的作用，又岂是黑齿常之所可比拟！

　　（原载《春史卞麟锡教授停年纪念论丛》，韩国釜山：图书出版公司，2000年）

《旧唐书·黑齿常之传》的补缺和考辨

众所周知，古代三韩被称为君子之国。[1]百济的义慈王更是被称为"海东曾子"。[2]慈悲贤明的义慈王因没有处理好对外关系招来了罗唐联军的进攻，导致百济亡国。但是，文化基础深厚的百济人，依然创立了灿烂的功绩。归顺唐朝的百济贵族后裔沙吒忠义、黑齿常之等人在唐边防中重振雄风。例如沙吒忠义曾多次带领大军征讨后突厥。[3]尤其是常胜将军黑齿常之，即使是古代号称名将者也少有能与其匹敌者。[4]然《旧唐书·黑齿常之传》中对黑齿常之的描述不超过千余字，内容简略。因此，笔者抱着对黑齿常之的敬意，希望通过收集他的相关文献资料来补充《旧唐书》列传之缺失，考辨不同史书记录的差异。如有疏漏，请各位韩国学者不吝赐教。

①《旧唐书》卷199上《东夷·新罗传》。
②《册府元龟》卷962《外臣部·贤行》。
③《全唐文》卷242《封右武卫将军沙吒忠义郧国公制》《授沙吒忠义右金吾卫将军制》;《册府元龟》卷989《将帅部·征讨五》。
④《旧唐书》卷109《黑齿常之传》。

一、黑齿常之的家系

《旧唐书》列传中没有对黑齿常之家系的记载，《新唐书》也是如此，但是1929年在洛阳发现的《黑齿常之墓志》可以弥补这一缺憾。《黑齿常之墓志》云：

> 府君讳常之，字恒元，百济人也。其先出自扶余氏，封于黑齿，子孙因以为氏焉。其家世相承为达率。达率之职，犹今兵部尚书，于本国二品官也。曾祖讳文，大祖讳德，显考讳沙次，并官至达率。[①]

根据以上引用的志文可以得知，黑齿常之的祖上出自百济王室，后因封地由扶余氏改为黑齿氏。黑齿氏作为王族的分支，代代承袭达率一职。在同时出土的《黑齿俊墓志》中，亦叙及相同的内容。[②]因此，我们可以清楚得知黑齿氏的五代世系为：

黑齿文—黑齿德（加亥）—黑齿沙次（沙子）—黑齿常之—黑齿俊

---

①《黑齿常之墓志》。
②《黑齿俊墓志》："公讳俊，即唐左领军卫大将军燕国公之子焉……曾祖加亥任本乡刺史，祖沙子任本乡户部尚书。"

根据《大唐□部将军功德记》①，黑齿常之的一个女儿嫁给了一位出生于朝鲜半岛、在唐做官的人。如果文中乐浪郡夫人被认为是"中女"的话，那么黑齿常之至少有三名女儿。并且由此得知，当时在入唐的百济上流阶层中有与同族结婚的习俗。

对于黑齿常之入唐以前的官职以及其祖上官职，《旧唐书》列传记载他起初是本蕃的达率兼郡将，后来成为唐朝的刺史。《新唐书》列传中更详细地说明了他曾是百济达率兼风达郡将。《墓志》中记述他的家族世世代代为达率。达率一职相当于唐朝的兵部尚书，是百济的二品官。黑齿常之的曾祖父、祖父和父亲都曾任达率②一职。黑齿常之的家族到黑齿常之父亲为止都担任过达率，然而黑齿常之本人并没有担任过。两《唐书》中虽然都记载黑齿常之作为达率（二品）兼任郡将（四品），但是这种不同的官职不可能同时授予一个人。并且，唐廷最初规定的蕃州（羁縻府州）授职原则是根据部落

①《全唐文》卷28《大唐□部将军功德记》："大唐天兵中军副使右金吾卫将军上柱国遵化郡开国公□部珣，本枝东海……于神龙二年三月与内子乐浪郡夫人黑齿氏，即大将军燕公之中女也……敬造三世佛像并诸贤圣刻雕……故刻此乐石以旌厥问。"

②《周书》卷49《异域传上》；《北史》卷94《百济传》。《册府元龟》卷962《外臣部·官号》："达率三十人，二品。恩率三品；德率四品；杆率五品；奈率六品……自恩率以下，官无常员。各有部司，分掌众务……都下有万家，分为五部，曰：上部、前部、中部、下部、后部。兵一千二百以下，七百人以上。城之内外民庶及余小城咸分隶焉。"

的大小及个人地位和名望授予刺史以下官职。①麟德初，黑齿
常之再次向唐朝投降以后，根据其名望除授折冲都尉，镇守
熊津城。②府兵制下的折冲府长官折冲都尉根据管辖区情况分
为上、中、下三等，因此都尉的品级分别为正四品上、从四
品下、正五品下三种。③熊津府当然是上府或中府。黑齿常之
最初授予的官职应该和他原来任职的郡将地位相当。黑齿常
之在投降唐朝以前还未继承达率一职，并不是两《唐书》中
说的刺史，也不是《墓志》记载的兵部尚书。他的官职是四
品德率，是风达郡三名郡将中的一员。

二、黑齿常之的入唐经纬

根据两《唐书》列传④，似乎可以认定黑齿常之是当时反
抗唐军占领的指导者，但事实并非如此。历史的真相是：第
一，反唐的指导者是福信等人，黑齿常之不过是他的呼应者。
显庆五年（660），唐朝大将苏定方在攻下百济后，让他的郎

①《资治通鉴》卷200唐高宗显庆二年十二月。
②《黑齿常之墓志》。
③《旧唐书》卷44《职官志三》。
④《旧唐书·黑齿常之传》："显庆五年，苏定方讨平百济，常之率所
部随例送降款。时定方絷左王及太子隆等，仍纵兵劫掠，丁壮者多被
戮。常之恐惧，遂与左右十余人遁归本部，鸠集亡逸，共保任存山，筑
栅以自固。旬日而归附者三万余人。定方遣兵攻之，常之领敢死之士
拒战。官军败绩，遂复本国二百余城，定方不能讨而还。龙朔三年，高
宗遣使招谕之，常之尽率其众降。"

将刘仁愿留守百济府城，继而收到唐廷的命令征战高句丽。就在此时，已经去世的百济王扶余璋的质子福信和僧人道琛趁机占领周留城，拥立王子扶余丰为王。百济的西部、北部纷纷响应①，身为百济西部人的黑齿常之就是在此时响应反唐的。第二，道琛是镇守任存山的主将，黑齿常之是他麾下的将领之一。龙朔元年（661）初，带方州刺史刘仁轨征集百济、新罗士兵，和他们在熊津江入口激战，死伤万余人。百济大将道琛不得不退守任存城。②任存城在百济西面的任存山上，是黑齿常之原来的所在地。③之后道琛自称领军将军，和福信同时成为百济军的指导者。他们在广征兵马时，酋帅黑齿常之就在其麾下。第三，在道琛被福信所杀，福信又被扶余丰所杀后，黑齿常之仍没有成为百济西部的领军人物。道琛在退守任存城后被福信杀死，福信吞并了他的兵马，实力更加壮大。④福信在专权后与百济王扶余丰的矛盾加深，结果在意图谋害扶余丰时却被其反杀。此后，坚守任存城的任务被交给了百济别帅迟受信。龙朔三年（663）唐罗联军在白江口击破外兵后，百济的众多城池再次归顺，但迟受信仍然没有投降。⑤当时黑齿常之和别将沙吒相如已经放弃了抵抗，归

①《旧唐书》卷199上《东夷·百济传》。
②《资治通鉴》卷200唐高宗龙朔元年三月并胡注。
③《资治通鉴》卷200唐高宗龙朔元年三月并胡注。
④《旧唐书》卷84《刘仁轨传》。
⑤《旧唐书》卷84《刘仁轨传》。

降唐朝，刘仁轨利用二人带领唐军攻陷了任存城，迟受信才向高句丽投降。直到此时，百济全部被平定。[①]百济抵抗唐军的过程说明了黑齿常之是呼应者而非指导者这一事实。因此，对他"遂复本国两百余城"的说法言过其实，他的作用是有限的。他的贡献不在于他主要对百济军做了什么，而在于他投降后结束了唐对百济的战争。

1. "华官参治"下的黑齿常之

百济原来有五部三十七郡二百城七十六万户。百济灭亡后，唐朝在熊津、马韩、东明、金连、德安设五都督府。熊津都督和带方州刺史由唐朝官吏任职，以唐军镇守府城。其他多数的羁縻州府则擢用酋渠长来管理。[②]这个管理体制基本上和之后唐朝统治高句丽的方式是一样的，可以叫作"华官参治"[③]。华官参治下的黑齿常之身居何职？有什么样的活动呢？《旧唐书》列传中显庆五年（660）至龙朔三年（663）这段时间只记载了他镇守任存城、反抗唐军的事实。他的其他事迹在《旧唐书》中并没有记载，只写着"累转右领军员外将军"。《新唐书》也只说是升职为洋州刺史。虽说《黑齿常之墓志》的记录中有一部分错误，但基本上可以补充黑齿常之在百济活动的事迹。

《墓志》内容如下：

---

①《旧唐书》卷84《刘仁轨传》。

②《新唐书》卷220《东夷·百济传》。

③《新唐书》卷220《东夷·高丽传》。

唐显庆中，遣邢国公苏定方平其国，与其主扶余隆俱入朝，隶为万年县人也。[1]

黑齿常之跟着扶余隆入唐是不大可能的。被抓到唐朝的百济战俘共五十八名。[2]其中除去百济王义慈、太子隆和小王孝演等王室成员外，剩下的都是酋长。[3]百济有五部三十七郡二百城，虽然不知道有多少人有做酋长的资格，但只有身居高位的大酋长才能进入长安。如果不是这样的话苏定方如何向朝廷请功？如前所述，黑齿常之在投降以前不过是四品郡将，和他同级的人在百济非常多。苏定方如何能用地位不高的人向天子请功呢？并且苏定方于显庆五年（660）十一月进献俘虏时比大军回来得早。他在十二月和次年四月被委任平壤道行军大总管征伐高丽。[4]所以黑齿常之逃回本部是从苏定方的战俘军营中逃走的，而不是入唐以后。这从苏定方派大军攻击，黑齿常之投降一事中可以得知。[5]这是显庆五年（660）八、九月间百济灭亡，苏定方在百济逗留时发生的。

----

① 《黑齿常之墓志》。

② 《新唐书》卷220《东夷·百济传》。

③ 《新唐书》卷220《东夷·百济传》。

④ 《新唐书》卷3《高宗纪》。

⑤ 《新唐书·黑齿常之传》；《资治通鉴》卷201唐高宗龙朔三年九月条；《旧唐书》卷84《刘仁轨传》。

　　黑齿常之再次投降后，作为蕃酋帅被委任蕃州官职。对此《墓志》有详细的记载：

　　　　麟德初，以人望授折冲都尉，镇熊津城，大为士众所悦。咸亨三年，以功加忠武将军，行带方州长史，寻迁使持节沙洋州诸军事、沙洋州刺史，授上柱国。以至公为己任，以忘私为大端。天子嘉之，转左领军将军，兼熊津都督府司马，加封浮阳郡开国公，食邑二千户。①

　　由此看来，黑齿常之麟德初（663）任熊津府折冲都尉，咸亨中（670—673）任左领军（员外）将军兼熊津都督府司马，封浮阳郡开国公。黑齿常之至少在百济所设羁縻府州里任职的十余年里成就卓越。然而从他在这十年中自四品升为从三品这一点来看，其晋升之路并不顺利。

　　这里要特别指出的是，《新唐书》中记载黑齿常之升任的洋州刺史，根据《墓志》等资料这应当是"沙洋州刺史"的误写。《三国史记》和《东国舆地胜览》中也只有沙洋州，并没有关于洋州的记录。唐的洋州是今天陕西省西乡县，百济的沙洋州在今天全罗南道罗州一带，这两个地方是完全不同的。显然史书是错的，墓志的记录是正确的。

　　并且应当说明的是，黑齿常之受到唐朝驻军百济的最高

────────────

　　①《黑齿常之墓志》。

长官带方州刺史和熊津都督刘仁轨的重用。在黑齿常之再次
投降之初，刘仁轨力排众议让他带领大军征战。①可惜的是刘
仁轨在任命黑齿常之为折冲都尉后不久就回朝了。这可能是
黑齿常之在百济晋升慢的原因之一。

　　唐代的蕃州中，外有边州都督、都护押领监护，内有汉
族出身的官僚统治。作为唐军驻扎的蕃州官员，黑齿常之受
到了许多牵制。

2. 入朝后防御吐蕃

　　由于缺乏记载，我们无从得知黑齿常之何时从故乡迁去
做唐朝边将的。《旧唐书》记载，仪凤时吐蕃侵犯边境，黑齿
常之跟随李敬玄击退了来军。《新唐书》列传中更为精确地记
载了这件事发生的时间是在仪凤三年（678）。然而，这并不
意味着黑齿常之是在此时入唐的。他的入唐应该和他的长官
刘仁轨有着联系。刘仁轨在麟德二年（665）带领新罗、百
济、耽罗、倭的酋长跟随唐高宗封禅泰山后，很长一段时间
在朝廷做官。在这期间，刘仁轨乾封三年（668）任熊津道安
抚大使出兵高句丽，咸亨五年（674）进军新罗。黑齿常之受
其信任跟随作战。上元二年（675）二月刘仁轨带领大军归还

----

①《册府元龟》卷405《将帅部·职略四》：“［黑齿常之和沙吒相如］
率其众降，仁轨谕以恩信，令自领子弟以取任存城，又欲分兵助之。（熊
津道行军总管孙仁师极力反对。）仁师（轨）曰：‘相如、常之皆忠勇有
谋、感激之士。从我则成，背我则灭。因机立效，在于此日，不须疑
也。’于是，给其粮杖，分兵随之，遂拔任存城。”

时，黑齿常之可能就是在这个时候跟随他入唐的。黑齿常之仪凤三年（678）出现在防御吐蕃的西部战争中也与刘仁轨有关。仪凤二年八月，天子因吐蕃进犯任命刘仁轨为洮河道行军大总管镇守洮河。①黑齿常之也一同前往。第二年正月，因刘仁轨举荐，中书令李敬玄任洮河道大总管兼安抚大使、检校鄯州都督。从这时起黑齿常之隶属于李敬玄麾下。这仅是推测，事实真相到底如何还需以后更为深入的探讨。

上元三年（676）黑齿常之已经身在青海。这一年闰三月，吐蕃进犯鄯（今青海乐都）、河（今甘肃临夏）、芳（今甘肃迭部县东南）等州，高宗派李显任洮州道行军元帅，带领十二总管征伐吐蕃。②十二总管中裴行俭任洮州道左二军总管。③入唐不久的黑齿常之就在裴行俭麾下。理由有二：第一，《裴行俭碑》中说裴行俭知人善用，他举荐的副将中黑齿常之等人都是名将。由此得知，黑齿常之在裴行俭麾下时是受其信任的。第二，黑齿常之作为裴行俭部下期间，是裴行俭担任洮州道行军总管的时候。这个原因很简单。首先，黑齿常之在家乡任职的时候，裴行俭没有去过百济。其次，在此之后黑齿常之没有再去过青海。裴行俭第二年离开此地平定了西突厥和后突厥，在永淳元年（682）四月在京师延寿里

---

①《旧唐书》卷84《刘仁轨传》。
②《册府元龟》卷986《外臣部·征讨五》。
③《文苑英华》卷883《裴行俭碑》；《旧唐书》卷84《裴行俭传》。

去世。①黑齿常之离开青海的时间比这个更晚。

在《旧唐书》列传中，对黑齿常之在青海建立的功绩有详细描述。总的来说有三点：第一，黑齿常之因为救援陷入困境的李敬玄军队被升为河源军副使。第二，黑齿常之被擢升为河源经略大使。第三，黑齿常之设置烽屯田提高警戒，使吐蕃畏惧。他在军队的七年时间里升为左武卫大将军。《新唐书》列传中的记载大体与此相同。《墓志》中在称颂黑齿常之功绩的同时，还称赞他"傍无声色，居绝玩好"的高尚品德。除此之外，唐代的一些传奇故事中也有提及黑齿常之的，十分奇异。②靺鞨族出身的大将李谨行于永淳二年（683）七月二日在鄯州河源军中去世③，这是黑齿常之征伐党项的证据。如列传记录的那样，黑齿常之仪凤二年至永淳二年在军队的七年间任河源军副使和大使。

《旧唐书》记述嗣圣元年（684）黑齿常之擢升为左武卫大将军，代羽林军事。这说明此时黑齿常之已经由边将转为内朝，在唐廷任职。

3.朝廷任职和南北征伐

永淳二年（683），黑齿常之讨伐三曲党项后回到京师，

---

①《文苑英华》卷883《裴行俭碑》；《旧唐书》卷84《裴行俭传》。

②《朝野佥载》卷6："将军黑齿常之之镇河源军，城极严峻。有三口狼入营，绕官舍，不知从何而至。军士射杀，黑齿忌之，移之外，奏讨三曲党项，奉敕许。遂差将军李谨行充替。谨行到军，旬日病卒。"

③《李谨行墓志》，载于《乾陵稽古》，黄山书社，1986年。

第二年任检校左羽林军。但是他在朝廷任职没多久就被派去
南征北伐。黑齿常之的南征北伐主要指的是南面徐敬业的叛
乱和北面后突厥的入侵。两《唐书》黑齿常之传中没有记载
讨伐徐敬业一事，《墓志》可以补充这一点。

> 垂拱之季，天命将革。骨卒禄，狂贼也，既不赌其
> 微；徐敬业逆臣也，又不量其力。南静淮海，北扫旄头，
> 并有力焉。故威声大振。制曰：局度温雅，机神爽晤。
> 凤践仁义之途，聿蹈廉贞之域。言以昭行，学以润躬。
> 屡总戎麾，每申诚效。可封燕国公，食邑三千户。①

上述内容中引用的"骨卒禄"是则天武后时期对后突厥
可汗阿史那骨咄禄的蔑称。黑齿常之阻挡后突厥的情况会在
后文说明，这里先分析他征讨徐敬业的具体时间。根据《资
治通鉴》记载，黑齿常之作为江南道行军大总管讨伐武则天
的南方政敌徐敬业（唐朝开国功臣李勣的孙子）是光宅元年
（684）十一月辛亥（四日）以后。②在这之前可以推测他已经
由左武卫大将军调职为左鹰扬大将军。遗憾的是通过墓志只
能知道黑齿常之讨伐之后声威大震，没有更加详细的描述。
在其他史书中也仅记录了黑齿常之平定徐敬业叛乱的事实。③

---

①《黑齿常之墓志》。
②《资治通鉴》卷203则天后光宅元年。
③《新唐书》卷93《李敬业传》。

《旧唐书》列传中仅记载了征伐后突厥的时间是垂拱二年（686）。《新唐书》列传中仅记载黑齿常之阻止突厥进犯和三年发生的黄花堆之战是垂拱年间的事。《墓志》中记载了黑齿常之离开青海转任燕然道副大总管一事。但《册府元龟》等资料中提供了更为详细的线索。①即可以证明《墓志》中所说黑齿常之任燕然道副大总管的时间是垂拱元年（685）十一月。这是征讨南方之后的事，而不是像墓志说的那样是征讨南面以前的事。这一年九月黑齿常之因带领大军抵御后突厥有功，被封为燕国公。垂拱三年（687）七月在与后突厥在黄花堆爆发战争时，史书对黑齿常之官职的记载是燕然道行军大总管。②此外，根据墓志的记录，黑齿常之在防御后突厥时，被授职为左武卫大将军、神武道经略大使，最后为怀远军经略大使。

4.黑齿常之的非命和雪冤

对于黑齿常之的死亡，两《唐书》中只是简略提及。黑齿常之在被周兴等人诬陷与赵怀节等人谋反，入狱后自裁。

正史中没有赵怀节的列传，不清楚他的生平事迹。但在

---

①《册府元龟》卷986《外臣部·征讨五》，两《唐书·韦待价传》，《资治通鉴》卷203则天后垂拱元年十月癸卯条："[垂拱元年]十一月命天官尚书韦待价为燕然道行军大总管，以讨吐蕃（突厥）。"

②《资治通鉴》卷204则天后垂拱三年七月。

《新唐书·则天皇后传》[1]中记载他和黑齿常之同时被杀。黑齿常之被判决死刑后，在行刑前以死明志。虽然黑齿常之是自杀，但唐廷仍判为刑杀。

为何说黑齿常之是受到酷吏的诬陷下狱自杀的呢？虽然史书对此没有记载，但是可以分析它的基本原因。

第一，受到别人的诬告仅是表象，其根源在于武则天的屠戮政策。[2]史书记载，武则天在徐敬业叛乱后疑心别人对自己图谋不轨，采取了屠戮政策。因而索元礼、周兴等一帮酷吏为获取武则天的信任，大肆罗织百官，不惜制造冤狱。[3]不仅宗室的元老功臣们被诛戮，而且连一些蕃将也难逃其死。在这种高压环境下，黑齿常之被诬陷而死也就不奇怪了。

第二，蕃将对皇权的威胁。早在贞观年间，太宗认为府兵的战斗力弱，把蕃将作为战争的主力。[4]到了高宗、武后时期，府兵进一步弱化。因此诸卫将军大部分由无能的外戚和内附蕃将充任。[5]无能的外戚之所以能掌握兵权首先是因为受到信任，其次是因为容易掌控。蕃将能掌握兵权是权宜之计，因为他们平时习武，武功赫赫。《新唐书·泉男生传》记载，

①《新唐书》卷76《则天皇后传》："[永昌元年十月]戊午,杀右威卫大将军黑齿常之、右鹰扬卫将军赵怀节。"

②《资治通鉴》卷303则天后垂拱三年三月。

③《新唐书》卷209《酷吏传序》。

④陈寅恪:《金明馆丛稿初编·论唐代蕃将与府兵》。

⑤《玉海》卷138《邺侯家传》。

皇帝选拔的善射者中就没有汉人。古代战争依靠骑射，而骑射正是蕃人的特长。武则天时代善射者大多不是汉人，甚至第一射手是三韩出身的蕃将泉献诚。①由此可见，蕃将中海东出身者的武功首屈一指。并且突厥二十四州叛乱爆发后，出征的将领大部分是百济出身的沙吒忠义和靺鞨人李多祚等蕃将，特别是沙吒忠义几乎参与了全部战争。②黑齿常之在当副将的时候，统领他的汉族将军大都是在战争中表现怯懦的无能之辈。他们胆怯如女子，根本无法镇守洮河阵地和唐军的大本营鄯州。③而挽回这个局面的人就是作为蕃将的黑齿常

①《旧唐书》卷199上《东夷·高丽传》，《新唐书》卷110《泉男生传》："天授中，则天尝内出金银宝物，令宰相及南北衙文武官内择善射者五人共赌之。内史张光辅先让[高丽人右卫大将军泉]献诚为第一。献诚复让右玉钤卫大将军[薛延陀人]薛吐摩支，摩支又让献诚。既而献诚奏曰：'陛下令简能射者五人，所得者多非汉官。臣恐自此以后，无汉官工射之名。伏望停寝此射。'则天嘉而从之。"

②《册府元龟》卷986《外臣部·征讨五》；《旧唐书》卷194《突厥传上》；《资治通鉴》卷205则天后延载元年三月，卷206则天后神功元年等。

③《朝野佥载》卷4："唐中书令李敬玄为元帅讨吐蕃。至树墩城，闻刘尚书（按即工部尚书刘审礼）没蕃，着靴不得，狼狈而走。时将军王杲、副总管曹怀舜等惊退。遣却麦饭，首尾千里，地上尺余。时军中谣曰：'姚（洮）河李阿婆，鄯州王伯母。见贼不能斗，总由曹新妇。'"

之。①主将李敬玄等人的军事能力是与黑齿常之完全不能比的。黑齿常之凭借着过人的勇敢和智慧获得了天子的称赞，占据了主将的地位。黑齿常之代替韦待价成为燕然道行军大总管一事，通过韦待价战败后被发配秀州就可以看出，韦待价无法承担起大总管的职责才被黑齿常之取而代之的。②

　　唐代蕃将在国家军事实力中扮演着重要角色，武则天就是靠重用蕃将才平定了叛乱。但是权力越大对皇权的威胁也就越大。手握大权的蕃将自然成为了天子的眼中钉。如果皇帝认为某个人的存在是潜在的政治威胁的话，那么即使是再小的罪过也能治他的罪。累授镇国大将军、行左威卫大将军的西突厥贵族阿史那元庆，因私自拜会时为皇嗣的李旦被坐罪腰斩③；右卫大将军高丽贵族泉献诚，也因被诬告谋反处以绞刑④；被视为效忠武则天的大将军西突厥可汗娑葛，也差一点被处死。⑤这些蕃将带兵能力和作战能力都不如黑齿常之，

---

　　①《册府元龟》卷384《将帅部·褒异十》："黑齿常之为左领军员外将军。高宗仪凤中，吐蕃犯边，常之从李敬玄、刘审礼击之。审礼败，敬玄欲抽军，却阻泥沟，而计无所出。常之夜率敢死士五百人进掩贼营。吐蕃大首领跋地设弃军宵遁，敬玄因此得还。高宗叹其才略，擢授左武卫将军兼检校左羽林军……仍充河源军副使。吐蕃赞婆及业和贵等贼徒三万余屯于良非川。常之率精骑三千夜袭营，杀获二千级，获羊马数万。赞婆等单骑而遁。擢常之为河源道经略大使。"

　　②《旧唐书》卷77《韦待价传》。

　　③《新唐书》卷215《突厥传下》。

　　④《新唐书》卷110《泉男生传》。

　　⑤《新唐书》卷215《突厥传下》

所以黑齿常之也当属被诛杀的范畴。

第三，黑齿常之死于非命或许与他的性格也有一定的关系。墓志中说："府君禀质英毅，资性明达，力能翘关，不以力自处；智能御寇，不以智自闻。每用晦而明，以蒙养正。"可见他的性格相对内向，喜欢藏拙，容易引起他人的误会和猜忌。此外，一个人的功绩和谦虚成正比，黑齿常之越是不显山露水，他的声望越高。早期他在蕃州任职的时候名望日高，征伐南方的时候更是名声大盛，晚年声望更是达到了顶点。由他亲自指挥的黄花堆大捷和爨宝璧的全军覆灭形成了鲜明的对比，遂成其遭受诬陷的祸端。这些史实不仅在《册府元龟》中可以看到，而且《资治通鉴》中也有明确的记载。①根据《资治通鉴》所说，黑齿常之能取得胜利是因为可以独自指挥，而爨宝璧的失败是因为朝廷的命令。②朝廷因此颜面扫地，为了掩盖事实杀掉了爨宝璧，黑齿常之也被牵连无功而返。③爨宝璧的大败不是黑齿常之的过错。事过两年后，酷吏周兴等人遵照武则天密旨又将此事牵扯出来。事件的经过是首先以谋反的罪名将黑齿常之部下的右鹰扬卫将军

①《册府元龟》卷933《总录部·诬构二》："周兴，则天时为秋官侍郎。垂拱中，左武卫大将军检校右羽林军封燕国公黑齿常之充大总管讨西突厥，大破之。时有中郎将爨宝璧表请追贼，遂全军而没。兴等诬构云：'与右鹰扬卫将军赵怀节等谋反。'遂自缢而死，时甚惜之。"

②《资治通鉴》卷204则天后垂拱三年十月。

③《新唐书》卷110《黑齿常之传》。

赵怀节等人下狱，通过严刑逼供使他们承认与黑齿常之意图谋反。无辜的黑齿常之的谋反罪名成立，于永昌元年（689）十月在狱中自尽。此时他60岁，许多人为他的死感到惋惜。①

在皇权至上的古代社会中，最高统治者可以借助某种政治理由杀害无辜的人。漫长的时间过去之后，又为文过饰非而平反。最擅长玩弄帝王权术的武则天就是这样的人，她下制澄清了对黑齿常之的诬告。②圣历二年（699）正月二十二日，黑齿俊请求改葬自己的父亲。武则天下敕允许了他的请求，并派官辅助。③这一年的二月十七日，根据朝廷的命令，将黑齿常之移葬在邙山脚下，位于现在的洛阳市北郊邙山南麓。1929年10月出土的墓碑高2尺6寸，碑文共41行，每行41个字。④

---

①《新唐书》卷110《黑齿常之传》。

②《黑齿常之墓志》："故左武威卫大将军、检校左羽林卫、上柱国、燕国公黑齿常之，早袭衣冠，备经驱策，亟总师律，载宣绩效。往遭飞言，爰从讯狱，幽愤殒命，疑罪不分。比加检察，曾无反状。言念非辜，良深嗟悯，宜从雪免，庶慰茔魂，增以宠章，式光泉壤。可赠左玉钤卫大将军，勋封如故。其男游击将军、行兰州广武镇将、上柱国俊……可右豹韬卫翊府左郎将，勋如故。"

③《黑齿常之墓志》："燕国公男俊所请改葬父者，赠物一百段。其葬事幔幕手力一事，以上官供，仍令京官六品一人检校。"

④《曲石唐志目》(《曲石精庐唐墓志》)。

附记

《黑齿常之墓志》和其子黑齿俊的墓志一同出土。中宗神龙二年（706）五月二十三日，黑齿俊于洛阳病逝，年仅31岁。同年八月十三日被葬在了其父亲的墓旁。官职为右金吾卫翊府中郎将、上柱国、燕国公。坟墓的长高各为2尺。碑文用楷书书写，共26行，每行26个字。黑齿常之墓的棺椁高大，尸骨保存完好。棺椁一头长一头窄，长的地方近9尺。同时出土的还有大量的汉玉金银铜器、陶瓦器，被北京的古董商人购入。1932年初，李根源在洛阳参加"国难会议"时，花了两千大洋买下了黑齿常之以及其他唐人等93方墓志。移至苏州后，他建立了曲石精庐藏唐墓志，保管志石。同年9月，李根源邀请国学大师章太炎先生为黑齿常之等4人的墓志作跋。1937年日军逼近苏州，李根源深恐志石落入敌手，将志石移沉入小王山山麓关帝庙前小池中。现在黑齿常之等92方志石保存在南京，其余移至北京。①

①《曲石精庐唐墓志》前言、附录。

附录:黑齿常之的生平

*贞观四年（630）—显庆五年（660）七月（1—31岁）

黑齿常之,字恒元,百济西部人。原始王族扶余氏,后因分封到黑齿,便改以黑齿为姓。黑齿氏代代承袭达率(相当于兵部尚书或刺史)一职。曾祖父是黑齿文,祖父是黑齿德(加亥),父亲是黑齿沙次(沙子)。黑齿常之自幼康健聪明,熟读《小学》《左传》和《汉书》。成年后身高七尺有余,骁毅有谋略。任四品德率,为风达郡将。

*显庆五年（660）八月—龙朔三年（663）（31—34岁）

苏定方灭百济,黑齿常之带领大军投降唐朝。为了抵抗苏定方占领军的暴行,黑齿常之带领身边的十余人回到本部,退守任存山。龙朔元年(661),在百济的王质子福信等人据守周留城,拥立从日本回来的王子扶余丰。黑齿常之等人在百济西部响应福信引领的反唐活动,起兵攻陷城池二百余座归附。然而其领导层互相残杀削弱了军队实力,黑齿常之退守任存山上的任存城。龙朔三年(663)起兵失败,黑齿常之等人向唐将刘仁轨投降,同时帮助唐军攻陷任存城。

*麟德元年（664）—咸亨二年（671）（35—42岁）

黑齿常之声威大显,任折冲都尉镇守熊津城,获得了百姓的拥戴。

*咸亨三年（672）—上元二年（675）（43—46岁）

黑齿常之任忠武将军、行带方州长史,之后转任沙洋州刺史，授上柱国。因公私分明受到天子的称赞，擢左领军员外将军兼熊津都督府司马，封淳阳郡开国公，食邑两千户。

*上元三年（676）—永淳二年（683）（47—54岁）

最初隶属于洮州道左二军总管裴行俭，后跟随洮河道行军大总管刘仁轨。刘仁轨回朝后转到大总管李敬玄麾下。常之在陇西道立下大功，为了营救危在旦夕的李敬玄大军，任河源军副使的黑齿常之在良非川取得了巨大胜利，擢授河源军经略大使。由于其御边严谨，吐蕃畏惧。伐党项后入朝。

*嗣圣元年（684）—垂拱二年（686）（55—57岁）

任左武卫大将军、检校左羽林军，光宅元年（684年9月改元）十一月任左鹰扬卫大将军，授江南道行军大总管征讨徐敬业。垂拱元年（685）任燕然道行军副大总管，跟随韦待价征讨后突厥。

二年（686），韦待价回朝，黑齿常之代理大总管职责。后突厥遁归后，被封为燕国公，食邑三千户。

*垂拱三年（687）（58岁）

垂拱三年，后突厥侵扰朔州，燕然道大总管带领大将军李多祚等人在黄花堆大败后突厥。但是中郎将爨宝璧不顾与黑齿常之的约定，为了抢占功劳而冒进，所率万余将士全军尽没。因此爨宝璧被下令处死，黑齿常之被连累无功而返。

*垂拱四年（688）（59岁）

授右武卫大将军、神武道经略大使，后升为怀远军经略大使。

*永昌元年（689）（60岁）

被酷吏周兴等人诬陷与右鹰扬将军赵怀节等人谋反入狱。十月上吊自杀。黑齿常之有一男三女。圣历元年（698）武则天为黑齿常之平反雪冤。常之之子黑齿俊请求官复其职，二年二月十七日移葬邙山南麓官道之北。1929年10月洛阳市北郊邙山南麓出土了黑齿常之父子的墓志。

（原载韩国《百济研究论丛》第五辑，1997年。原文为韩文，由［韩国］韩国学中央研究院博士生刘安琪翻译）